ÜBERSICHT

ÜBER DIE

ARBEITEN DER HAAGER FRIEDENSKONFERENZ

INSBESONDERE

DAS ABKOMMEN ZUR FRIEDLICHEN ERLEDIGUNG INTERNATIONALER STREITFÄLLE

VOM 29. JULI 1899.

FESTREDE

ZUR

FEIER DES 321JÄHRIGEN BESTEHENS

DER

KÖNIGL. JULIUS-MAXIMILIANS-UNIVERSITÄT WÜRZBURG

GEHALTEN AM 11. MAI 1903

VON

DR. CHRISTIAN MEURER,

Ö. O. PROFESSOR DER RECHTE

Z. Z. REKTOR DER UNIVERSITÄT.

MÜNCHEN

J. SCHWEITZER VERLAG (ARTHUR SELLIER)

1903.

Druck der kgl. Universitätsdruckerei von H. Stürtz in Würzburg.

Hochansehnliche Versammlung!

Zur Feier des 321. Stiftungsfestes unserer Universität heisse ich Sie herzlich willkommen.

Nach akademischem Brauch entnimmt der Rektor das Thema des Festvortrags seiner Fachwissenschaft. Ich wähle das Völkerrecht, weil ich hier ein allgemeines und gleichheitliches Interesse voraussetzen darf.

Ich werde sprechen über die Haager Friedenskonferenz, insbesondere **die friedliche Erledigung internationaler Streitfälle nach dem Abkommen vom 29. Juli 1899.**[1])

Die Haager Friedenskonferenz v. J. 1899 ist der jüngste Staaten-Kongress, welcher an der Fortbildung des Völkerrechts arbeitete und der schon deshalb allgemeines Interesse beansprucht. Keine internationale Konferenz hat bei ihrer Berufung eine so widerspruchsvolle Beurteilung erfahren als die Haager. Die einen erwarteten von ihr, dass sie die Abrüstung und den Weltfrieden diktiere, die anderen verwiesen ihre Ziele in das Reich der Utopie. Der Verlauf der Konferenz hat beiden unrecht gegeben.[2])

---

1) Der französische und deutsche Text ist im Reichsgesetzblatt 1901 Nr. 44 S. 393 ff. veröffentlicht.

2) Die folgende Darstellung stützt sich auf die vom holländischen Ministerium des Äussern besorgte Ausgabe der Protokolle der Friedenskonferenz: „Conférence Internationale De La Paix.“ 1899. Eine erschöpfende quellenmässige Darstellung der gesamten Verhandlungen beabsichtige ich demnächst in einem besonderen Werke „Die Haager Friedenskonferenz“ zu liefern.

Ich will zunächst eine Übersicht über die Arbeiten der Friedenskonferenz geben, um dann das Abkommen über die friedliche Erledigung internationaler Streitfälle eingehender zu behandeln.

Erster Teil.

Übersicht über die Arbeiten der Friedenskonferenz.

Der russische Minister des Äussern Graf Murawieff führte am 12./24. August 1898 in einem Rundschreiben an die Vertreter der fremden Mächte in Petersburg folgendes aus:

In der gegenwärtigen Weltlage erscheine seinem kaiserlichen Herrn die Aufrechterhaltung des allgemeinen Friedens und die möglichste Einschränkung der ausserordentlichen Kriegsrüstungen als Ideal internationaler Politik. Die russische Regierung halte die Zeit für gekommen, dass auf dem Weg internationaler Verhandlungen die wirksamsten Mittel ausfindig gemacht würden, allen Völkern die Wohltat eines wahrhaften und dauernden Friedens zu sichern und vor allem der fortschreitenden Entwickelung der Kriegsrüstungen ein Ende zu setzen. Es sei oberste Pflicht der Staaten, diese unaufhörlichen Rüstungen zu beschränken und Mittel zu suchen, welche dem die ganze Welt bedrohenden Jammer begegnen. Der russische Kaiser schlage daher eine internationale Konferenz vor, welche sich mit diesem bedeutsamen Problem beschäftigen möge. Eine solche Konferenz bedeute den Sieg der grossen Schöpfung des allgemeinen Friedens über die Elemente der Unordnung und der Zwietracht.

Ein weiteres Rundschreiben des Grafen Murawieff vom 30. Dezember 1898 (11. Januar 1899) stellte die wohlwollende Aufnahme dieses Vorschlages fest. Dabei wurde der begeisterten Zustimmung gedacht, welche die Idee der allgemeinen Friedensstiftung bei allen Gesellschaftsschichten der Erde gefunden habe. Der politische Himmel habe sich freilich mittlerweilen bedenklich verändert, und verschiedene Mächte hätten ihre Rüstungen sogar gesteigert. Nichtsdestoweniger halte die russische Regierung an ihrer Idee fest und sie rege einen vorläufigen Meinungsaustausch über folgende zwei Punkte an:

a) Es sollen alsbald die Mittel ausgearbeitet werden, durch welche dem fortwährenden Anwachsen der Kriegsrüstungen für Landheer und Marine eine Grenze gesetzt wird.

b) Es sollen die Vorbereitungen für eine Verhandlung der Fragen getroffen werden, welche sich auf die Möglichkeit beziehen, den bewaffneten Streitigkeiten mit den friedlichen Mitteln zu begegnen, über welche die internationale Diplomatie verfügt.

Erscheine den Mächten eine Konferenz auf dieser Grundlage für angemessen, so habe man sich über das Arbeitsprogramm zu einigen. Und da stelle die russische Regierung für die Verhandlung folgende acht Aufgaben:

1. Stillstand der Kriegsrüstungen für Landheer und Marine, um den Effektivbestand zu beschränken und demgemäss das Budget zu erleichtern.
2. Verbot neuer Feuerwaffen, neuer Sprengstoffe und brisanterer Pulver.
3. Beschränkung der bisherigen Sprengstoffe im Landkrieg mit dem Verbot, Geschosse und Sprengstoffe aus Luftschiffen zu werfen.
4. Verbot der Unterseeboote, der Tauchboote und der anderen Zerstörungsmaschinen sowie der Kriegsschiffe mit Rammvorrichtungen.
5. Anpassung der Genfer Konvention von 1864 auf den Seekrieg nach Massgabe der Zusatzartikel von 1868.

6. Neutralisation der Rettungsboote im Seekrieg.
7. Revision der Brüsseler Landkriegsdeklaration von 1874.
8. Annahme der guten Dienste, der Vermittelung und der fakultativen Schiedssprechung als kriegvorbeugende Mittel.

Diesem Programm stimmten sämtliche Mächte zu, und auf den Vorschlag von Russland wurde Haag als Konferenzort gewählt.

Auf der Haager Friedenskonferenz waren 26 Staaten vertreten: Deutschland, Österreich-Ungarn, Belgien, China, Dänemark, Spanien, die Vereinigten Staaten von Amerika, Mexiko, Frankreich, England, Griechenland, Italien, Japan, Luxemburg, Montenegro, Holland, Persien, Portugal, Rumänien, Russland, Serbien, Siam, Schweden und Norwegen, die Schweiz, die Türkei und Bulgarien. Alle Staaten hatten mehrere Bevollmächtigte entsandt: Diplomaten, Militärs und Juristen. Im ganzen waren es über Hundert.

Die erste Plenarsitzung wurde am 18. Mai 1899 durch den holländischen Minister des Äussern von Beaufort eröffnet und auf seinen Vorschlag v. Staal, der russische erste Vertreter, zum Präsidenten gewählt.

Es wurden 10 Plenarsitzungen abgehalten. Hier fanden die Schlussabstimmungen statt.

Auf den Vorschlag des Präsidenten wurden drei Kommissionen gebildet, in welchen der Schwerpunkt der Arbeit lag.

I. Die erste Kommission, unter dem Vorsitz des belg. ersten Vertreters Beernaert, war zuständig für die Art. 1—4 des russischen Rundschreibens, also für die Beschränkung der Kriegsrüstungen und Kriegsmittel. Die Rüstungsfrage, die „question capitale“ behielt sich das Plenum der Kommission vor; im übrigen wurde eine militärische und eine Marine-Unterkommission gebildet. Denn das Verbot neuer Kriegsmittel und die Beschränkung der bisherigen Sprengstoffe trifft den Land- und den Seekrieg in besonderer

Weise. Schliesslich musste auch die Rüstungsfrage an die Unterkommissionen zur getrennten Würdigung hinübergegeben werden.

Die militärische Unterkommission hielt 6, die Marine-Unterkommission 7 und die Kommission selbst 8 Sitzungen ab.

Der ersten Kommission war nach den Worten ihres Vorsitzenden die „heiligste“ Aufgabe zugefallen. Aber sie hat den verhältnismässig geringsten Erfolg aufzuweisen.

1. Aus dem in Ziffer 1 des Rundschreibens angeregten Stillstand der Rüstungen hatte die öffentliche Meinung in enthusiastischer Übertreibung, welche bei einer vorsichtigeren Fassung des Rundschreibens vielleicht weniger Nahrung gefunden hätte, längst eine Abrüstungsfrage gemacht; und man umschmeichelte oder verdächtigte die Konferenz mit der Bezeichnung „Abrüstungskonferenz“.

Es handelte sich bei Ziffer 1 um eine nationalökonomische Frage, welche Russland durch folgenden Antrag der schrittweisen Lösung zugeführt sehen wollte: die Effektivstärke der Truppen mit Ausnahme der Kolonialarmeen dürfe ebenso wie das Militärbudget die nächsten fünf Jahre nicht erhöht werden. Für die Marine sollte diese Pause sogar nur drei Jahre betragen. Also man verlangte vorerst nur einen Stillstand der Kriegsrüstungen auf fünf resp. drei Jahre und hoffte allerdings, wie v. Staal ausführte, dass sich die wohltuende Tendenz in der Abnahme militärischer Ausgaben dann behaupte und weiter entwickele. Dabei betonte der Präsident: es handele sich nicht um Utopieen und grillenhafte Massnahmen, nicht um Abrüstung oder Entwaffnung; man verlange nur eine Beschränkung, nur einen Aufenthalt in dem aufsteigenden Marsch der Rüstungen und Ausgaben, welche die Völker erdrücken.

Der Antrag hatte aber trotz seiner anerkennenswerten nationalökonomischen Tendenz besonders in technischer Beziehung viele schwache Punkte, welche die freimütige Kritik der Militärs, vor allem des deutschen Bevollmächtigten, Obersten

v. Schwarzhoff, herausforderten. Schliesslich einigte man sich auf die von dem französischen ersten Vertreter Bourgeois vorgeschlagene Resolution, dass eine Beschränkung der zur Zeit die ganze Menschheit bedrückenden Militärlasten für die Förderung des materiellen und moralischen Wohles der Menschheit höchst wünschenswert sei. Weiter wurde einstimmig der Wunsch ausgesprochen, die Regierungen möchten die auf der Konferenz unerledigt gebliebene Rüstungsfrage zum Gegenstand eingehender Studien machen.

2. Z. 2—4 beschäftigen sich mit dem Verbot resp. der Einschränkung von Mitteln der Kriegsführung.

Ziffer 2 mit dem Verbot neuer Kanonen- und Gewehrkonstruktionen sowie der Pulver mit grösserer Brisanz wurde aus technischen Gründen zur Zeit abgelehnt. Auf ein Verbot der in Ziffer 4 genannten Schiffe und Zerstörungsmaschinen konnte man sich ebensowenig einigen.

Aus der Beratung von Ziffer 3 aber gingen drei „Erklärungen" hervor[1]), welche bestimmt waren, den Geist der Petersburger Konvention vom 1868 zu verwirklichen und fortzubilden. Doch traten nicht alle Staaten bei; und die Erklärungen binden nur die vertragschliessenden Mächte im Falle eines Krieges zwischen zwei oder mehreren von ihnen. Sie verlieren ihre Verbindlichkeit, wenn sich eine Nichtvertragsmacht einer solchen Kriegspartei anschliesst. Die Nichtsignatarmächte können diesen Erklärungen beitreten, und alle Mächte die letzteren kündigen.

Die erste Erklärung hat folgenden Wortlaut:

> „Die vertragschliessenden Mächte sind darin über-
> „eingekommen, dass das Werfen von Geschossen
> „und Sprengstoffen aus Luftschiffen oder auf
> „anderen ähnlichen neuen Wegen für die Dauer von
> „fünf Jahren verboten ist."

---

[1]) Veröffentlicht im französischen und deutschen Text im Reichsgesetzblatt 1901, S. 470, 474, 478. Diese drei Erklärungen sind vom 29. Juli datiert.

England hat diese Erklärung, welche übrigens vorerst nur auf fünf Jahre bindet, nicht unterzeichnet.

Die zweite Erklärung lautet:

„Die vertragschliessenden Mächte unterwerfen sich „gegenseitig dem Verbote, solche Geschosse zu ver„wenden, deren einziger Zweck ist, erstickende „oder giftige Gase zu verbreiten."

England und die Vereinigten Staaten von Amerika haben diese Erklärung nicht unterzeichnet.

Die dritte Erklärung, welche sich hauptsächlich gegen die Dum-Dum-Geschosse wendet, hat folgenden Wortlaut:

„Die vertragschliessenden Mächte unterwerfen sich „gegenseitig dem Verbote, Geschosse zu verwenden, „die sich leicht im menschlichen Körper aus„dehnen oder platt drücken, derart wie die Ge„schosse mit hartem Mantel, der den Kern nicht ganz „umhüllt oder mit Einschnitten versehen ist".

England, die Vereinigten Staaten von Amerika und Portugal haben diese Erklärung nicht unterzeichnet.

II. Die zweite Kommission unter dem Vorsitz des russischen Bevollmächtigten M. v. Martens, der übrigens die Seele aller Verhandlungen war und sich wohl am meisten verdient machte, hatte die Z. 5—7 zu bearbeiten.

Diese Kommission hielt vier Plenarsitzungen ab. Auch sie bildete Unterkommissionen:

1. Die erste Unterkommission bearbeitete in fünf Sitzungen Z. 5 und 6. Hier wurden hauptsächlich die Zusatzartikel 6—15 nachgeprüft, welche die Genfer Konferenz von 1868 entworfen hatte, um den Grundsatz der Genfer Konvention von 1864 über die Pflege der Kranken und Verwundeten im Landkrieg dem Seekrieg anzupassen. Jetzt wurde ein wirkliches Abkommen erreicht[1]), während 1868 die Ratifikation ausgeblieben war.

[1]) Abkommen betr. die Anwendung der Grundsätze der Genfer Konvention vom 22. August 1864 auf den Seekrieg. Vom 29. Juli 1899. Französisch und deutsch im Reichsgesetzblatt 1901, S. 455 ff.

Dieses Abkommen haben alle Konferenzmächte, doch Deutschland, die Vereinigten Staaten, England und die Türkei unter Vorbehalt des Art. 10, unterzeichnet. Über die Bindung vgl. Art. 11.

Über den Beitritt anderer Mächte handelt Art. 13, über die Kündigung des Abkommens Art. 14.

Die zweite Unterkommission, welche Z. 7 zu erledigen hatte, revidierte in 12 Sitzungen die auf der Brüsseler Konferenz von 1874 vereinbarten aber unratifiziert gebliebenen Grundsätze des Landkriegsrechts.

Das Ergebnis dieser Beratungen haben wir in dem Abkommen betr. die Gesetze und Gebräuche des Landkrieges vom 29. Juli 1899[1]), welches indes von der Schweiz und China nicht unterzeichnet wurde.

Die dem Abkommen in der Anlage beigegeben „Bestimmungen betr. die Gesetze etc.“ binden nach Art. 2 des Abkommens die vertragschliessenden Mächte nur im Falle eines Krieges zwischen zwei oder mehreren von ihnen.

Über den Beitritt der Nichtsignatarmächte und die Kündigung vgl. Art. 4 und 5.

Für die Fortbildung des Kriegsrechtes war durch die beiden Abkommen in Verbindung mit den früher erwähnten drei Erklärungen Beachtenswertes geschehen. Mit der von Anfang an in den Vordergrund gerückten Idee einer allgemeinen Friedensschöpfung haben sie freilich nichts zu tun. Das war das besondere Arbeitsgebiet der dritten Kommission.

III. Die dritte Kommission, unter dem Vorsitz des französischen ersten Vertreters M. Léon Bourgeois blieb wegen der Einheitlichkeit des Beratungsstoffes und der Auffassung ungeteilt, liess aber durch ein besonderes Arbeitskomitee die Beschlüsse vorbereiten. Dieses Komitee hielt 18 und die Kommission 9 Sitzungen ab.

Es handelte sich hier um Z. 8 oder die Kodifizierung und den

---

[1]) Französisch und deutsch im Reichsgesetzblatt. 1901, S. 423 ff. Das Reglement (die Bestimmungen) selbst S. 436 ff.

besseren Ausbau dreier völkerrechtlicher Institutionen: der guten Dienste resp. der Vermittelung, der Untersuchungskommissionen und der Schiedssprechung.

Der belgische Bevollmächtigte Descamps, welcher sich später als vortrefflicher Berichterstatter bewährte, hatte eine lehrreiche Übersicht der bisherigen Staatsverträge mit der Vermittelungs- und Schiedsrechtsklausel ausgearbeitet und vorgelegt, wodurch bewiesen war, eine wie grosse Rolle schon bisher in dem völkerrechtlichen Leben die Vermittelung und Schiedssprechung gespielt hat. Der zur Beratung gestellte Hauptentwurf für alle drei Fragen war von Russland ausgearbeitet worden.

Für die Vermittelungsfrage kamen noch zwei Abänderungsanträge von Italien und den Vereinigten Staaten in Betracht. Die Schiedsrechtsfrage gewann alsbald in dem Kampf um den ständigen Schiedshof ihren Höhepunkt, und hierfür wurden dann drei besondere Entwürfe vorgelegt, je einer von England, Russland und den Vereinigten Staaten Amerikas. Das englische Projekt von Sir Julian Pauncefote wurde beschlussmässig zur Grundlage der Verhandlungen gewählt.

Das Gesamtergebnis der höchst interessanten Beratungen liegt vor in dem Abkommen zur friedlichen Erledigung internationaler Streitfälle vom 29. Juli 1899[1]), welches von den Vertretern aller Konferenzmächte unterzeichnet wurde.

Über den späteren Beitritt anderer Mächte zu diesem Abkommen handelt Art. 59, 60, über die Kündigung Art. 61.

Der Volksinstinkt hatte, wie der Präsident v. Staal in der zweiten Plenarsitzung rühmend betonte, für den Haager Kongress schon längst den Namen „Friedenskonferenz“ aufgebracht, der dann auch in der russischen *Note explicative* zum Art. 5 des Hauptentwurfs und in den amtlichen Protokollen übernommen ward. Der Name wurde, noch bevor man sich gegen den von Russland vorgeschlagenen Stillstand der Kriegs-

1) Französich und deutsch im Reichsgesetzblatt 1901, S. 393 ff.

rüstungen entschieden hatte, im Hinblick auf die geplante Neuordnung des Vermittelungs-, Untersuchungs- und Schiedswesens gerechtfertigt. Die dritte Kommission hatte, wie ihr Berichterstatter, der Belgier Descamps, in der zweiten Komiteesitzung hervorhob, die Aufgabe, die Garantien aufzuspüren, mit welchen der Friedenslauf der Nationen bewacht und wiederhergestellt wird.

In der Tat arbeitete die dritte Kommission unmittelbar an der Verbesserung der völkerrechtlichen Friedensordnung und hat hier anerkennenswerte Resultate erzielt. Das wird klar werden, wenn ich nunmehr das Abkommen zur friedlichen Erledigung internationaler Streitfälle erörtere.

Vorbehalte zum Abkommen betr. die friedliche Erledigung internationaler Streitfälle wurden gemacht von den Vereinigten Staaten Amerikas im Sinne der Monroe-Doktrin sowie von Rumänien zur Schiedssprechung und von Serbien zur Vermittelung[1]).

Auch die Türkei hatte in der Vermittelungs-, Untersuchungs- und Schiedsrechtsfrage Vorbehalte zur Wahrung ihrer Freiheit gemacht, die dann aber durch die Verweigerung der Ratifikation gegenstandslos wurden.

Erwähnen muss ich noch, dass sämtliche Haager Abkommen und Erklärungen von den Staaten, deren Vertreter sie unterzeichnet haben[2]), auch ratifiziert worden sind. Verweigert wurde die Ratifikation nur von der Türkei und China für alle Haager Beschlüsse, und von den Vereinigten Staaten von Amerika sowie von Schweden-Norwegen für das Abkommen betr. die Gesetze und Gebräuche des Landkrieges[3]).

Die Konferenz hat schliesslich auch eine Anzahl Resolutionen gefasst, welche die Richtung der zukünftigen Reformen bestimmen wollen, auf die hier aber nicht eingegangen werden soll.

---

1) Vgl. unten S. 16 f. u. 26 f.

2) Vgl. darüber oben S. 7—9.

3) Vgl. die Bekanntmachung des Reichskanzlers vom 10. September 1901. (R.-G.-Bl. 1901, S. 482).

Zweiter Teil.

Das Abkommen zur friedlichen Erledigung internationaler Streitfälle.

Der Geist dieses Abkommens wird in der Einleitung des letzteren dahin angegeben, es wolle zur Aufrechterhaltung des allgemeinen Friedens mitwirken, insbesondere die friedliche Erledigung internationaler Streitigkeiten begünstigen und in Anerkennung der Solidarität, welche die Glieder der Gemeinschaft der zivilisierten Nationen verbindet, die Herrschaft des Rechts ausbreiten sowie das Gefühl der internationalen Gerechtigkeit stärken. Dieses Prinzip findet nun in dem einzigen Artikel des ersten Titels seinen Niederschlag:

„Um in den Beziehungen zwischen den Staaten die Anrufung der Gewalt soweit als möglich zu verhüten, erklären sich die Signatarmächte einverstanden, alle ihre Bemühungen aufwenden zu wollen, um die friedliche Erledigung der internationalen Streitigkeiten zu sichern.“

Auf Anregung des rumänischen ersten Vertreters Beldiman stellte der Berichterstatter Descamps unter Billigung des Präsidenten Bourgeois fest, dass dieser einleitende Artikel keine formelle Verpflichtung von Staat zu Staat enthält. Er bedeutet nur eine allgemeine Zusage, keine juristische Bindung.

Das Abkommen behandelt in drei Titeln die guten Dienste und Vermittelung, die internationalen Untersuchungskommissionen und die internationale Schiedssprechung.

I.

Die guten Dienste und die Vermittelung

spielen eine Rolle, wenn die diplomatischen Verhandlungen am toten Punkt angelangt sind. Die Wissenschaft unterschied bis jetzt die guten Dienste und die Vermittelung: der Staat werde mit seinen guten Diensten auch bei nur einseitigem Anrufen tätig und versöhne möglicherweise in nur einseitigem Interesse, während der Vermitteler als ehrlicher Makler immer beiden Teilen zu ihrem Recht verhelfen wolle, daher notwendig von beiden gewünscht und die eigentlich gestaltende Kraft, wenn auch nicht die entscheidende Macht sei. Die Begründung zum russischen Hauptentwurf Art. 5 erklärte aber diese Unterscheidung, auf welcher die Diplomatie niemals bestanden habe, für rein theoretisch; die rechtliche Natur sei gleich, und ein Unterschied ergebe sich bloss durch den höheren Nachdruck und den grösseren Erfolg der Vermittelung. Das Abkommen erwähnt zwar die beiden noch nebeneinander; doch übernimmt die Vermittelung die Führung, und ich kann es mir daher ersparen, neben der Vermittelung immer noch die guten Dienste besonders zu nennen.

Die Vermittelung ist der völkerrechtlichen Praxis längst bekannt und war wie Descamps in seiner Übersicht eigens hervorhob, auch schon Gegenstand kollektiver Vertragsschliessung.

Nach dem Pariser Friedensschluss von 1856 Art. 8 sollen für den Fall eines friedengefährdenden Streites zwischen der Türkei und einer der Vertragsmächte die anderen Signatarmächte in die Lage gesetzt werden, dem Krieg durch ihre Vermittelung vorzubeugen.

Und das 23. Protokoll des Pariser Kongresses von 1856 sprach darüber hinausgehend den Wunsch aus, es möchten die Vertragsmächte, in jedem Fall, bevor sie die Waffen entscheiden lassen, die guten Dienste einer befreundeten Macht anrufen, soweit es die Umstände erlauben.

Auch in der Generalakte der Berliner Konferenz von 1885 Art. 11 und 1890 Art. 55 erklärten sich die Vertragsmächte unter allen Umständen bereit, bei Streitigkeiten der dort erwähnten Art gute Dienste zu leisten resp. anzunehmen.

Das Haager Abkommen knüpfte an diese besonderen Abmachungen an und gab nur die allgemeine Form[1]).

1. Die Signatarmächte kamen überein, stets zur Vorbeugung des Krieges die Vermittelung anzurufen, soweit dies die Umstände gestatten[2]).

Die letzterwähnte Umstands-Klausel, welche aus dem Pariser Protokoll herüber genommen ist[3]), war viel umstritten. Während sie die einen gegenüber der Fassung der Kongoakte für einen Rückschritt erklärten (Asser) und meinten, dass hiermit die Bedeutung des ganzen Artikels wieder aufgehoben (Graf Nigra) oder wenigstens die Regel durch die Ausnahme verdrängt werde (Descamps), sahen der russische Bevollmächtigte v. Martens und der deutsche juristische Sachverständige Dr. Zorn in der Klausel ein notwendiges Ventil für den Fall, dass man einmal von einer Vermittelung nichts wissen wolle. von Martens erklärte übrigens die ganze Streitfrage für unpraktisch; mit oder ohne Klausel würden die Mächte eine Vermittelung doch nur anstreben, soweit es die Umstände erlaubten. Der österreichische Bevollmächtigte Lammasch hatte die von Descamps angedeuteten Schwierigkeiten durch die Fassung überwinden wollen „wenn die ausnahmsweisen Umstände dieses Mittel nicht augenscheinlich unmöglich machen." Die günstige Stimmung hierfür hielt aber nicht an, und in der zweiten Lesung entschied sich das Komitee auf den Antrag von Pauncefote wiederum für die russische Klausel, welche neben Martens insbesondere der deutsche Bevollmächtigte Dr. Zorn wiederholt verteidigt und als Zeichen staatlicher Freiheit begrüsst hatte.

---

1) Ich habe schon in meinen „Völkerrechtlichen Schiedsgerichten" S. 38 erklärt: „Es wäre vielleicht gut, wenn eine völkerrechtliche Vereinbarung die Notwendigkeit ausspreche, vor Ausbruch eines Krieges, wenn auch nicht gerade immer einen Schiedsspruch — darin ging die Anregung des englischen Parlaments 1849 und 1873 sowie der Nordamerikanischen und Schweizer Regierung von 1882/3 wohl zu weit — so doch die Vermittelung nachzusuchen." Ich musste indes hinzufügen: „Wer den Krieg will, kümmert sich nicht um derartige fromme Empfehlungen."

2) Art. 2.

3) Vgl. oben S. 12.

2. Während Art. 2 das Anrufen der Vermittelung behandelt und, wenn es die Umstände erlauben, dasselbe zur Pflicht macht, was freilich nach dem ganzen Zusammenhang nur eine moralische Pflicht sein kann, spricht der Art. 3 vom Anbieten der Vermittelung mit dem Beifügen, dass die Signatarmächte ein solches für nützlich halten. Damit ist der obligatorische Charakter der neutralen Initiative schlechthin und in jeder Form verneint, andererseits aber anerkannt, dass hier eine nützliche, dem Friedensinteresse dienende Einrichtung vorliegt. Auf den Antrag Italiens wurden sodann die Neutralen zu ihrer Friedenstat dadurch ermutigt, dass der Art. 3 die Übung dieses Rechtes — auch während des Ganges der Feindseligkeiten — vor dem Vorwurf einer unfreundlichen Handlung schützt. Das war eine neue und wirksame Bestimmung.

Freilich kann auch die Ablehnung der Vermittelung nicht als unfreundliche Handlung angesehen werden. Das wurde in der Kommission ausdrücklich festgestellt, aber die vom serbischen Bevollmächtigten Dr. Veljkovitch angeregte Aufnahme einer diesbezüglichen Klausel in das Abkommen, welches doch dem Frieden dienen will, für nicht wünschenswert erklärt. Eine derartige Klausel hätte, wie der holländische Bevollmächtigte Asser ausführte, fast wie eine *invitation à refuser* geklungen.

3. Die Aufgabe der Vermittelung, für welch letztere nach den Ausführungen von Descamps zum weiteren Schutz der Freiheit in jedem Fall die Übereinstimmung der beiden Mächte erforderlich ist[1]), besteht darin, die einander entgegengesetzten Ansprüche auszugleichen und Verstimmungen zu beheben, die zwischen den im Streit befindlichen Staaten entstanden sind[2]). Die Tätigkeit des Vermittelers hört auf, sobald durch eine Partei oder auch durch den Vermitteler festgestellt ist, dass der vom letzteren gemachte Versöhnungsvorschlag nicht angenommen

---

1) Art. 6.
2) Art. 4.

wird[1]). Die Vermittelung ist übrigens niemals eine Entscheidung, sondern hat lediglich die Bedeutung eines Rates ohne verbindliche Kraft[2]). Dabei kann sie, wie auf den Antrag Italiens ausdrücklich betont wurde[3]), unbeschadet entgegenstehender Vereinbarung, weder die Mobilmachung noch andere den Krieg vorbereitende Massnahmen unterbrechen, verzögern oder hemmen. Die Vermittelung kann selbst nach Eröffnung der Feindseligkeiten noch erfolgen und entbehrt dann, wenn nicht eine Vereinbarung das Gegenteil vorsieht, nach demselben Prinzip auch des Einflusses auf die im Gang befindlichen militärischen Unternehmungen[4]).

Diese Bestimmung soll nach der Ausführung des Grafen Nigra die Vermittelung nur erleichtern.

4. Der auf einen Antrag der Vereinigten Staaten zurückgehende Art. 8 führte schliesslich noch das Institut der „besonderen Vermittelung“ ein, die auf der Konferenz als „interessante Neuerung“ bezeichnet wurde. Man beschränkte sich aber auf die Empfehlung derselben und auf die Umstände, die dies gestatten. In jedem Fall sind ernste, den Frieden gefährdende Streitfragen vorausgesetzt. Die besondere Vermittelung setzt nach den Ausführungen des amerikanischen Bevollmächtigten Holls eine Situation voraus, in welcher man bei privaten Ehrenhändeln seine Sekundanten oder Zeugen schickt. Das bedeutet ein Ultimatum ohne feindlichen Charakter, eine Form des diplomatischen Verkehrs, wo sonst die Beziehungen abgebrochen wären. Jeder der im Streit befindlichen Staaten wählt eine Macht, die er mit der Aufgabe betraut, in unmittelbare Verbindung mit der von der anderen Seite gewählten Macht zu treten, um den Bruch der friedlichen Beziehungen zu verhüten. Während der Dauer dieses Auftrages, die, unbeschadet anderweitiger Abrede, eine Frist von 30 Tagen nicht

1) Art. 5.
2) Art. 6.
3) Art. 7, Abs. 1.
4) Art. 7, Abs. 2.

überschreiten darf, stellen die Staaten jedes unmittelbare Benehmen über den Streit ein, welcher als ausschliesslich den vermittelnden Mächten übertragen gilt. Diese sollen alle Bemühungen aufwenden, um die Streitfrage zu erledigen. Kommt es zum wirklichen Bruche der friedlichen Beziehungen so bleiben diese Mächte mit der gemeinsamen Aufgabe betraut, jede Gelegenheit zu benützen, den Frieden wiederherzustellen[1]).

In diesem Zusammenhang, also in Beziehung auf die besondere Vermittelung liess Holls das Wort „moralische Interventionspflicht" fallen.

5. Was die Vorbehalte betrifft[2]), so gaben

a) die Vereinigten Staaten von Amerika im Sinne der Monroe-Doktrin folgende Erklärung ab, die ohne Gegenbemerkung zu Protokoll genommen wurde:

„Von dem Inhalte dieses Abkommens darf nichts derart ausgelegt werden, dass es die Vereinigten Staaten von Amerika verpflichtete, von ihrer überlieferten Politik abzuweichen, auf Grund deren sie sich eines Eingreifens, einer Einmengung oder einer Einmischung in die politischen Fragen oder in die Politik oder in die innere Verwaltung irgend eines fremden Staates enthalten. Es ist gleichermassen selbstverständlich, dass in dem Abkommen nichts so ausgelegt werden darf, als wenn es für die Vereinigten Staaten von Amerika ein Aufgeben ihrer überlieferten Haltung in Ansehung der rein amerikanischen Fragen in sich schlösse[3]).

b) die Vertreter von Serbien machten folgenden Vorbehalt:

„Im Namen der kgl. serbischen Regierung haben wir die Ehre, zu erklären, dass unsere Annahme des Grundsatzes der guten Dienste und der Vermittelung für die

---

1) Art. 8.

2) Vgl. oben S. 10.

3) Der französische und deutsche Text ist abgedruckt im Reichsgesetzblatt 1901, S. 483.

dritten Staaten nicht eine Anerkennung des Rechtes in sich schliesst, diese Mittel anders zu gebrauchen, als mit der äussersten Zurückhaltung, welche die zarte Natur dieser Schritte erfordert.

Wir werden die guten Dienste und die Vermittelung nur unter der Bedingung zulassen, dass ihre Bedeutung als rein freundschaftlicher Rat ihnen voll und ganz erhalten bleibt, und wir würden sie niemals in solchen Formen und unter solchen Umständen annehmen können, welche ihnen die Bedeutung einer Intervention aufzwingen könnten."[1])

6. Die Bedeutung der über die Vermittelung handelnden Bestimmungen des Haager Abkommens liegt zunächst darin, dass sich dasselbe für das Anrufen und Anbieten der Vermittelung einsetzt und letztere vor dem Vorwurf einer unfreundlichen Handlung schützt. Wenn das Anrufen und Anbieten der Vermittelung nicht auch erzwingbar ist und mehr auf dem moralischen als rechtlichen Gebiet liegt, so bedeutet das Abkommen immerhin einen Druck auf die Parteien wie die Neutralen im Sinne einer friedlichen Erledigung.

Neu und von Bedeutung ist sodann die „besondere Vermittelung", welche mit Glück eine Einrichtung auf dem Gebiet der privaten Ehrenhändel verwertet.

II.

Internationale Untersuchungskommissionen

sind im völkerrechtlichen Leben auch früher schon, besonders bei Grenzstreitigkeiten, bestellt werden. Die Haager Konferenz baute sie als besonderes Rechtsinstitut aus.[2])

1. Die Aufgabe der Untersuchungskommissionen wird im Art. 9 umschrieben. Die Untersuchungskommissionen werden hiernach erst dann in Anspruch genommen, wenn die diplo-

---

1) Der französische und deutsche Text ist abgedruckt im Reichsgesetzblatt 1901, S. 485. Die Erklärung in der Kommission war seinerzeit ohne irgend eine Gegenbemerkung zu den Akten genommen worden.

2) Art. 9–14.

matischen Unterhandlungen versagt haben. Sie dienen aber zum Unterschied von der Vermittelung lediglich der Aufklärung von Tatfragen. Wenn Tatsachen eine verschiedene Würdigung erfahren und sich daraus Streitigkeiten entwickelt haben, empfiehlt es sich, dass Untersuchungskommissionen die zu grunde liegenden Tatsachen feststellen, um so die Lösung der Streitigkeiten zu erleichtern. Nur Streitigkeiten, welche die Ehre oder wesentliche Interessen berühren, sind den Untersuchungskommissionen entzogen.

Diese Klausel bedeutet nach den Ausführungen von Eyschen und Martens einen Schutz für die Kleinstaaten, welche dem Druck der Grossmächte leicht ausgesetzt sind. Das war bei der ersten Redaktion von besonderer Bedeutung; aber man behielt im Hinblick auf die Interessen der Kleinstaaten die Klausel auch bei, als das obligatorische Prinzip aus dem Art. 9 entfernt war.

Wie insbesondere der russische Bevollmächtigte v. Martens ausführte, können die Untersuchungskommissionen bei Streitigkeiten von Staaten, die in bona fide sind, erspriessliches leisten. Die öffentliche Meinung erhitzt sich um so mehr, als der Zwischenfall unerwartet kam. Sie kennt nicht die wahren Triebfedern des Streits und unterliegt den Eindrücken des Augenblicks. Hier soll die Untersuchungskommission einsetzen: sie will die Wahrheit in der Entstehung des Streites und die Wirklichkeit der Tatsachen erforschen. Sie soll nur Bericht erstatten, keine Entscheidung fällen, wohl aber für die Entscheidung das unentbehrliche kritische Material beschaffen. Und während sie für den Bericht tätig ist, beruhigen sich die Gemüter, und der Streit verliert seine Schärfe.

Die Bestellung von Untersuchungskommissionen ist übrigens nicht obligatorisch[1]), sondern lediglich empfohlen, indem das Nützliche dieser Einrichtung betont wird. Damit sollte nach den Ausführungen von Martens wenigstens eine

---

1) Art. 9.

moralische Pflicht auf Anrufung von Untersuchungskommissionen anerkannt werden.

Diese Frage des obligatorischen oder fakultativen Charakters war Gegenstand wiederholter und eindringlicher Verhandlung. Der russische Entwurf hatte das obligatorische Prinzip aufgenommen; aber schon in der ersten Lesung des Komitees schlug der österreichische Vertreter Lammasch die schliesslich auch angenommene Umprägung des Pflichtgedankens in das Nützlichkeitsprinzip vor. Vorübergehend hatte man auch in der Aufnahme der Umstandsklausel eine ausreichende Abschwächung finden zu können geglaubt.

Je länger man verhandelte, desto mehr schwand übrigens die Begeisterung für die Untersuchungskommissionen. In den Kolonieen sollten sie gefährlich sein; und die kleineren Mächte, besonders die Balkanstaaten, erwarteten nicht viel Gutes von ihnen, während umgekehrt gerade für die Kleinstaaten die grössten Vorteile in Aussicht gestellt wurden. Wie der französische Bevollmächtigte d'Estournelles ausführte, machten die Gegner weniger Gründe als Befürchtungen geltend. Sie sahen in den Untersuchungskommissionen nur die Einleitung zu einer ganzen Reihe von Akten, welche mehr oder weniger drücken würden. Andererseits war man so frei, es zu begreifen, wenn Staaten mit einer mehr oder weniger schlechten Verwaltung fürchten, dass die Untersuchungskommissionen ihre Fehler aufdecken und sie in der Öffentlichkeit herabwürdigen.

Aber der russische Bevollmächtigte v. Martens drohte: Man solle sich nur keiner Täuschung hingeben und wissen, dass, was auch in das Abkommen hineingeschrieben werde, diese Untersuchungen doch immer stattfinden würden. — Die Gegner wollten indes nur verhindern, dass die Untersuchungen zur Gewohnheit würden.

Es war lediglich ein Zugeständnis an die Kleinstaaten, dass die Grossmächte sich mit dem fakultativen Charakter der Untersuchungskommissionen begnügten. Anders konnten die Untersuchungskommissionen nicht gerettet, d. h. in die völkerrechtlichen Institute eingestellt werden. Die schliessliche Fassung des Art. 9 geht übrigens auf Rumänien zurück. So wie die Sachen jetzt liegen, bedeuten die Untersuchungskommissionen für die Kleinstaaten in der Tat den grösseren Gewinn.

Man wird mit Martens sagen können: der stärkere Gegner wird bei einer im Hinblick auf seine Lebensinteressen erfolgten Ablehnung der von einer kleinen Macht verlangten Untersuchung leicht die öffentliche Meinung gegen sich haben, während die Kautelen des Art. 9 für die Kleinstaaten einen wirklichen Schutz bedeuten. Die in den Verhandlungen oft betonte Ungleichheit der Wirkung schlägt also in Wahrheit zu gunsten der Kleinstaaten aus, und das ist gut.

2. Über die Bildung der Untersuchungen handeln die Art. 10 und 11.

In erster Linie entscheidet das betreffende Abkommen. Mangels eines solchen kommen die Bestimmungen des Art. 32 über die Bildung eines freien Schiedsgerichts zur Anwendung.

Auf die Anregung von Eyschen und den Antrag des Grafen Nigra wurden sodann noch einige Bestimmungen über das Untersuchungsabkommen und das Untersuchungsverfahren getroffen. Danach hat das Untersuchungsabkommen die zu untersuchenden Tatsachen und die Kompetenz der Kommissäre anzugeben, sowie das Verfahren zu regeln. Das Verfahren muss kontradiktorisch sein; und die zu wahrenden Formen und Fristen werden, soweit sie nicht durch das Untersuchungsabkommen festgesetzt sind, durch die Kommission selbst bestimmt.

3. Die Untersuchungskommissionen können ihre Aufgabe natürlich nur erfüllen, wenn sie die Unterstützung der streitenden Mächte finden.

Übrigens hat die auf Descamps zurückgehende Fassung des Art. 12 diesen Gedanken gegenüber dem russischen Entwurf erheblich abgeschwächt.

Nach dem letzteren erschienen die streitenden Mächte verpflichtet, der Untersuchungskommission alle zum gründlichen Studium der in Frage kommenden Tatsachen notwendigen Mittel und Erleichterungen zu geben. Im Art. 12 aber heisst es jetzt, dass die streitenden Mächte alle diese Mittel und Erleichterungen „in dem weitesten Umfange, den sie für möglich halten", zu gewähren haben. Es kann sich nämlich auch einmal um Auskünfte handeln, welche die Staatssicherheit betreffen.

4. Der rechtliche Charakter der Untersuchungstätigkeit bestimmt sich nach dem Art. 14, dessen jetzige Fassung auf einen Antrag des schweizerischen Bevollmächtigten Odier zurückgeht, zunächst negativ dahin, dass sie nicht mit der Schiedsgerichtsbarkeit verwechselt werden darf. Positiv: Die Kommission erstattet lediglich einen Bericht an die streitenden Mächte (Art. 13). Dieser Bericht enthält keinerlei Schlussfolgerungen, sondern stellt nur Tatsachen fest und lässt den streitenden Mächten volle Freiheit in Ansehung der Folge, die dieser Feststellung zu geben ist.

Es ist übrigens zu bemerken, dass der im Sinn der Monroe-Doktrin gemachte Vorbehalt der Vereinigten Staaten von Amerika[1]) auch hierher wirkt.

III.

Die internationale Schiedssprechung

gehört, wie auch Descamps in seinem Komiteebericht hervorhob, „par excellence" zu den organischen Einrichtungen des internationalen Rechtsfriedens. Sie bildete unstreitig den Höhepunkt der Konferenzverhandlungen und ist der bedeutsamste Teil des Abkommens.

Dasselbe behandelt in drei Kapiteln: das Schiedswesen, den ständigen Schiedshof und das Schiedsverfahren.

1. Das Schiedswesen.

Die Art. 15—19 des Abkommens sind aus den Art. 7 bis 13 des russischen Hauptentwurfs hervorgegangen, welch letzterer hier aber gründlich geändert wurde.

---

1) Vgl. oben S. 16.

Es fragt sich zunächst, was die Schiedsgerichtsbarkeit bedeutet, ob und wie sie im Leben der Völker untereinander Verwendung finden soll.

Die internationale Schiedssprechung setzt im Unterschied zur entsprechenden Einrichtung des Privatrechts dort ein, wo es an jeder Gerichtsbarkeit fehlt, um die Anwendung der rohen Gewalt zu hindern.

1. Die rechtliche Natur der Schiedssprechung unterscheidet sich von der Vermittelung und Untersuchung dadurch, dass eine richterliche Entscheidung der Streitigkeiten erfolgt[1]). Der Schiedsspruch verbirgt die Gerechtigkeit der Lösung, denn er ist ein Richterspruch, der auf Grund der Achtung vor dem Recht ergeht[2]).

Die Parteien sind dem Schiedsspruch, den sie veranlasst haben, unterworfen[3]). Diese Unterwerfung lässt sich zwar nicht wie im Privatrecht im Weg der Zwangsvollstreckung verwirklichen; aber bis jetzt hat es kein Staat gewagt, einen Schiedsspruch zurückzuweisen; er hätte auch die ganze öffentliche Meinung gegen sich. Denn der Staat selbst hat die Entscheidung gefordert, und sie erfolgt „durch Richter seiner Wahl“[4]).

Die von Descamps gegebene Übersicht[5]) zeigt, dass die Staaten im voraus durch die Aufnahme der Schiedsklausel in ihre Verträge, oder auch nach Ausbruch der Streitigkeiten durch speziellen Schiedsvertrag vielfach die schiedsrichterliche Lösung angestrebt haben. Das schiedsrichterliche Institut hat im 19. Jahrhundert eine besondere Zugkraft bekommen. Es haben sich vielfach an diesen Erfolg die übertriebensten Hoffnungen geknüpft, und man forderte mitunter, dass alle völkerrechtlichen Streitigkeiten von einem Völkerareopag entschieden werden.

---

1) Art. 15.
2) a. a. O.
3) Art. 18.
4) Art. 15.
5) Vgl. oben S. 9.

Die Haager Konferenz stellte sich aber nicht in den Dienst solcher Utopieen, sondern strebte in staatsmännischer Selbstbeschränkung nur eine festere Organisation und eine materielle Fortbildung des bisherigen Rechts im Rahmen der praktischen Möglichkeit an. Freilich ergaben sich auch hier, obschon nach der Feststellung des Berichterstatters Descamps das Prinzip der Schiedssprechung von allen Komiteemitgliedern mit wahrer Begeisterung angenommen wurde, alsbald noch grundsätzliche Verschiedenheiten.

2. Die Hauptfrage war: obligatorische oder fakultative Schiedssprechung?

Bis jetzt gab es keine allgemeine obligatorische Schiedssprechung. Die Schiedssprechung erfolgte vielmehr entweder auf Grund eines besonderen Schiedsvertrags nach ausgebrochenem Streit oder nach Massgabe der sog. Schiedsklausel, mit welcher ein Staatsvertrag für den Fall zukünftiger Auslegungsstreitigkeiten im voraus die Feststellung seines Inhalts durch schiedsrichterliche Auslegung angeordnet hatte[1]). Hier sollte nun das Völkerrecht fortgebildet werden.

Der russische Entwurf wollte das Prinzip obligatorischer Schiedssprechung eingeführt sehen, suchte aber dafür bestimmte Grenzen zu setzen.

Unter allen Umständen sollte die obligatorische Schiedssprechung ausgeschlossen bleiben, wenn es sich um Lebensinteressen oder die Ehre eines Staates handelt. Damit war dem Haupteinwurf, welcher früher gegen die obligatorische Schiedssprechung erhoben worden war, die Spitze abgebrochen; und man hatte ein wirksames Ventil zum Schutz der staatlichen Unabhängigkeit.

Sodann war die obligatorische Schiedssprechung nur für Rechtsstreitigkeiten und zwar lediglich für folgende zwei Gruppen vorgesehen: für Entschädigungsforderungen, und für

---

1) Die kompromissarische oder Schiedsklausel bedeutet die vertragsmässige Bestimmung, die aus eben diesem Staatsvertrag sich ergebenden Streitigkeiten durch Schiedsrichter entscheiden zu lassen.

Auslegungsstreitigkeiten bei nichtpolitischen Verträgen mit universellem Charakter, d. h.:

a) bei Verträgen zum Schutz der internationalen Verkehrseinrichtungen, also bei Post-, Telegraphen-, Kabel-, Eisenbahn- und Schiffahrts-Verträgen sowie

b) bei Vorträgen zum Schutz der geistigen und moralischen Interessen also bei Verträgen zum Schutz des geistigen Eigentums, über das Münz- und Gewichtswesen, über sanitäre Verhältnissse, Erbrecht, Auslieferung, Gerichtshilfe und Grenzregulierungen.

Die Komiteeverhandlungen drehten sich in der ersten Lesung hauptsächlich darum, ob diese Verträge zu erweitern oder einzuschränken seien, und man kam dabei teilweise zu neuen und bestimmteren Fassungen. Im grossen Ganzen aber wurden die vorgezeichneten Linien nicht verlassen. Das obligatorische Prinzip selbst stand fest. Nur als der holländische Bevollmächtigte Asser die Neuheit der Ehren- und Interessenklausel betonte und sie näher präzisiert haben wollte, trat der deutsche Bevollmächtigte Dr. Zorn für dieselbe mit der Erklärung ein, er könne sich zwar noch nicht darüber aussprechen, ob die deutsche Regierung das Prinzip des ständigen Gerichtshofes und der obligatorischen Schiedssprechung annehme, aber sicherlich könne von diesem Beitritt erst nach der Annahme der Klausel die Rede sein.

Der weitere Verlauf der Komiteeverhandlungen hat aber die Unmöglichkeit gezeigt, auf dieser Grundlage zu einem einmütigen Ergebnis zu gelangen. Und zwar war es in erster Linie Deutschland, welches sich im Augenblick nicht entschliessen konnte, durch ein allgemeines Abkommen neue Schiedsfälle ins Leben zu rufen, und welches wie Dr. Zorn in der Kommission gegenüber dem serbischen Bevollmächtigten Dr. Veljkovitch ausführte, nicht in der Lage war, ein Projekt mit obligatorischer Schiedssprechung anzunehmen. An den bisherigen allgemeinen und besonderen Verträgen mit Schiedsklauseln, so führte der deutsche Bevollmächtigte schon früher im Komitee aus, solle damit nichts geändert werden, und man könne sich die spätere Ausdehnung vorbehalten. Wenn der ständige Schiedshof errichtet und tätig sei, möge man auf Grund der Erfahrung die obligatorischen Fälle zusammenstellen; allzugrosse Hast bringe im Augenblick das Schiedsprinzip selbst in Gefahr.

Man musste jetzt eine völlig neue Redaktion vornehmen.

3. Das Haager Abkommen enthält im Gegensatz zum russischen Entwurf keine obligatorischen Schiedsfälle. Die Staaten haben sich nur nach Art. 19 unabhängig von den allgemeinen und besonderen Verträgen, welche schon jetzt den Signatarmächten die Verpflichtung zur Anrufung der Schiedssprechung auferlegen, die Ausdehnung der obligatorischen Schiedssprechung auf andere Fälle durch spätere allgemeine oder besondere Übereinkommen vorbehalten.

Es blieb also vorerst beim alten; und der Art. 16 begnügte sich damit, den Schiedsspruch in folgender Weise zu empfehlen:

„In Rechtsfragen und in erster Linie in Fragen der Auslegung oder der Anwendung internationaler Vereinbarungen wird die Schiedssprechung von den Signatarmächten als das wirksamste und zugleich der Billigkeit am meisten entsprechende Mittel anerkannt, um die Streitigkeiten zu erledigen, die nicht auf diplomatischem Wege haben beseitigt werden können."

Die Schiedssprechung setzt diesbezüglichen Antrag und Annahme voraus, erfolgt also nur auf Grund eines Schiedsabkommens, welches kraft Rechtssatzes die Verpflichtung in sich schliesst, sich nach Treu und Glaube dem Schiedsspruch zu unterwerfen[1]).

Das Schiedsabkommen kann sowohl für bereits entstandene als auch, wie dies insbesondere durch die Schiedsklausel geschieht, für künftig entstehende Streitverhältnisse

---

[1]) Art. 17 f.

abgeschlossen werden[1]; und zwar darf das Schiedsabkommen in einem besonderen Vertrag zweier Staaten erfolgen, sich also auf diese beschränken; es kann aber ebenso in der Form eines allgemeinen Übereinkommens mehr oder weniger Mächte in den Schiedsbann hereinziehen[2]. Weiter steht es frei, das Schiedsabkommen auf alle Streitigkeiten oder nur auf Streitigkeiten einer bestimmten Art zu beziehen[3].

4. Abgesehen von den Vereinigten Staaten von Amerika, deren im Sinn der Monroe-Doktrin gemachter Vorbehalt[4] auch hierher wirkt, nahm ferner Rumänien eine Sonderstellung ein, indem es zu den Art. 16, 17, 19 Vorbehalte machte[5].

Rumänien erklärte, dass es bezüglich des Art. 19[6] keine Verpflichtung übernehme.

Aber in Art. 19 behalten sich die Mächte ja nur vor, Schiedsverträge abzuschliessen. Der Vorbehalt kann somit nur bedeuten, dass Rumänien derartiges nicht beabsichtigt.

Rumänien erklärte weiter zu Art. 17[7], für Streitverhältnisse oder Streitigkeiten aus der Zeit vor dem Abschlusse dieses Abkommens in keinem Falle eine internationale Schiedssprechung annehmen zu wollen.

Hiergegen hatte der serbische Bevollmächtigte Veljkovitch in der Kommission eingewendet, dass der Art. 17 ja keine Verpflichtung, sondern nur eine Möglichkeit zum Gegenstand habe; und der Belgier Rolin, Bevollmächtigter von Siam, fügte hinzu, dass der rumänische Vorbehalt die anderen Mächte in keiner Weise berühre. Rumänien wollte aber nur klarstellen, wie es seine Praxis einzurichten gedenke.

Weiter liess die rumänische Regierung zum Art. 16[8] erklären, dass sie für den Grundsatz der fakultativen Schieds-

1) Art. 17, Abs. 1.
2) Art. 19.
3) Art. 17, Abs. 2.
4) Vgl. oben S. 16.
5) Vgl. R.-G.-Bl. 1901. S. 482 f.
6) Art. 18 des Komm.-Entw.
7) Art. 16 des Komm.-Entw.
8) Art. 15 des Komm.-Entw.

sprechung, deren volle Wichtigkeit sie schätze, ganz eingenommen sei, aber gleichwohl sich nicht dazu verstehen könne, eine Verpflichtung zur Annahme einer Schiedssprechung in allen dort (Art. 16) vorgesehenen Fällen zu übernehmen.

Aber in Rechtsfragen nach Massgabe des Art. 16 ist die Schiedssprechung ja nur als das wirksamste und zugleich der Billigkeit am meisten entsprechende Mittel zur Erledigung von internationalen Streitigkeiten anerkannt worden. Von einer Verpflichtung kann keine Rede sein. Rumänien wollte somit nur sagen, dass es die Schiedssprechung wohl sehr schätze, sich aber nicht binden werde. Es wollte eben keine falschen Hoffnungen erwecken.

5. Die Masshaltung der Konferenz auf dem Gebiet der obligatorischen Schiedssprechung ist verständlich; für eine allgemeine Bindung scheint in der Tat noch nicht die richtige Zeit zu sein. Aber auch hier heisst es: sempre avanti!

Die Schiedssprechung muss zur Gewohnheit werden. Vor allem handelt es sich jetzt darum, dem Art. 19 Leben einzuhauchen, ihm Fleisch und Blut zu geben: Durch besondere Abkommen müssen die Fundamente des obligatorischen Schiedsrechts ausgebaut werden.

Ich habe schon vor 13 Jahren empfohlen, dass in den Handels-, Schiffahrts-, Niederlassungs- und anderen völkerrechtlichen Verträgen die Schiedsklausel eine gesteigerte Anwendung finden möge[1]. Der russische Entwurf kann jetzt hier die Richtung weisen. Die Verkehrsverhältnisse sind von so grosser Bedeutung, dass sie am wenigsten den Ausgangspunkt eines Krieges geben sollten. Hier ist auch regelmässig eine juristische Grundlage gegeben und eine freiwillige Erfüllung des Schiedsspruchs zu erwarten. Wie der portugiesische erste Vertreter Graf von Macedo in der Plenarsitzung ausführte, sind Portugal und Holland jetzt die einzigen (?) Staaten, welche abkommengemäss alle Streitigkeiten untereinander der Schieds-

---

1) Vgl. „Völkerrechtliche Schiedsgerichte“ S. 39.

sprechung unterwerfen, mit alleiniger Ausnahme der Fragen, welche ihre Selbständigkeit und Unabhängigkeit betreffen. In den letzten 50 Jahren hat Portugal fünf Streitfälle dem Schiedsgericht unterbreitet. Auch Italien gab schon früher in dieser Richtung ein gutes Beispiel[1]; und Graf Nigra hat auf der Haager Konferenz erklärt, dass die italienische Regierung die feste Absicht habe, die Schiedsklausel in allen Handelsverträgen und nach Möglichkeit überhaupt in allen Staatsverträgen zum Ausdruck zu bringen.

Regierungen und Parlamenten erwächst hier eine dankenswerte Aufgabe, an die ich gerade jetzt angesichts der Erneuerung der deutschen Handelsverträge erinnere, wie ich das auch vor Abschluss der heutigen Handelsverträge getan habe[2].

Hat man dann genügende Erfahrung gesammelt, so mag, wie schon der deutsche Bevollmächtigte Dr. Zorn andeutete, durch ein entsprechendes allgemeines Abkommen die Entwickelung abgeschlossen werden.

2. Der ständige Schiedshof.

I. Der russische Hauptentwurf enthielt noch nicht den Plan eines ständigen Schiedsgerichts.

1. Die Art. 20—29 des Haager Abkommens, welche den Haager Schiedshof ins Leben rufen, gehen auf einen Entwurf des englischen ersten Vertreters Pauncefote zurück. Dass auch noch zwei andere Grossmächte (Russland und die Vereinigten Staaten von Amerika) im Haag je einen Entwurf vorlegten, wurde von Descamps in seiner Einleitung der Generaldebatte im Komitee mit Recht als ein günstiges Zeichen gedeutet. Ständige Schiedsgerichte, so führte dieser weiter aus, seien auch nichts neues im Völkerrecht. Der Berner Vertrag vom 14. Oktober 1890 habe schon ein stän-

[1] a. a. O. S. 39 u. 11. Vgl. auch a. a. O. über die Vereinigten Staaten von Amerika und die Schweiz.

[2] a. a. O. S. 40. Auf der Haager Konferenz gingen die Ansichten über die obligatorische Schiedssprechung auf dem Gebiete der Handelsverträge noch auseinander.

diges Schiedsgericht gebracht, und die deutsche Regierung habe demselben seit der ersten Konferenz von 1878 noch wichtigere Aufgaben übertragen wollen.

Der Frage des ständigen Schiedshofs stand der deutsche Bevollmächtigte Dr. Zorn unter dem Hinweis, dass das ursprüngliche russische Projekt nichts derartiges enthalte, anfangs noch ablehnend gegenüber. Er meinte, man solle erst mit dem bloss gelegentlichen Schiedsgerichte Erfahrungen sammeln. Der holländische Vertreter aber erwiderte, die Erfahrungen mit gelegentlichen Schiedsgerichten habe man gemacht. Deutschland möge wenigstens nach dem Beispiel des Grafen Nigra in dem Projekt nur einen ständigen Schiedshof auf Zeit erblicken.

In der zweiten Lesung des Komitees konnte indes Dr. Zorn mitteilen, dass die deutsche Regierung das Paunce-fotesche Schiedshof-Prinzip angenommen habe. Sie habe das getan im Hinblick auf die Freiheit, welche den Staaten in der Auswahl der Schiedsgerichtsmitglieder gelassen worden sei.

2. Der ständige Schiedshof ist nach Art. 21 zwar für alle Schiedsfälle zuständig, aber nicht obligatorisch. Vielmehr bleibt für das freie Schiedsgericht Raum. Doch bildet das letztere die Ausnahme, der ständige Schiedshof die Regel. Das soll nach den Feststellungen im Komitee durch die Fassung „sofern nicht" (Art. 21) genügend zum Ausdruck gekommen sein.

Die Versuche des portugiesischen ersten Vertreters Macedo, das noch schärfer hervorzuheben, blieben erfolglos. Auch die Umbildung in Form einer Empfehlung des ständigen Schiedshofs wurde abgelehnt. Man befürchtete, dass dies als ein Druck empfunden werden möge. Der Belgier Rolin, Bevollmächtigter für Siam, erklärte, bei der Empfehlung des ständigen Schiedshofs sei es eine moralische Pflicht, sich an ihn zu wenden und vom freien Schiedsgericht abzusehen. Das könne die Staaten in Verlegenheit bringen und sie schliesslich hindern, überhaupt die Schiedssprechung anzurufen.

Von besonderer Bedeutung ist in diesem Zusammenhang das Recht des rappel oder der Erinnerung.

Nach Art. 27 betrachten es nämlich die Signatarmächte als eine Pflicht[1]), in dem Fall, wo ein ernsthafter Streit zwischen Staaten auszubrechen droht, diese an die Bestimmungen des Haager Abkommens und besonders daran zu erinnern, dass ihnen der ständige Schiedshof offen steht. Und dieser im höheren Interesse des Friedens erteilte Rat darf nur als Betätigung guter Dienste angesehen werden.

Der Art. 27, welcher sich in den Dienst des Art. 1 stellt, geht auf eine Anregung der französischen Vertreter zurück und bildet insbesondere in seinem letzten Teil das Seitenstück zum Art. 3, Abs. 3, wo auf Antrag des italienischen Vertreters Grafen Nigra von dem Anbieten der Vermittelung der Charakter einer unfreundlichen Handlung ferngehalten wurde. Man wollte der Schiedssache dieselben Dienste erweisen.

Nach den eindringlichen Ausführungen und flammenden Reden von Bourgeois und d'Estournelles de Constant soll der Art. 27 den Schiedshof, der sonst nur auf dem Papier stehe und Gefahr laufe, nicht leben zu können, in Tätigkeit setzen. Er wolle die Mächte daran gewöhnen, die neue Einrichtung zu nützen und ihnen helfen, einen Entschluss zu fassen. Da sich aus Erwägungen der Ehre keine Regierung vor der anderen entscheiden wolle und jede den ersten Schritt scheue, so müsse man ihnen über den kritischen Punkt hinweghelfen. Der Art. 27 liefere nun den Mechanismus, der von selbst funktioniert und die Regierungen zwingt, sich vor der öffentlichen Meinung und dem Parlament für oder gegen die Schiedssprechung zu erklären. Er wolle es einer Regierung ebenso schwer machen, den schiedsrichterlichen Austrag abzulehnen, als es für sie bis jetzt schwierig war, denselben anzuregen.

---

1) Der durch Serbien unterstützten Anregung des rumänischen ersten Vertreters Beldiman, statt „considèrent comme un devoir" zu sagen: „jugent utile" wurde nicht Folge gegeben. Man hätte es im Hinblick auf den Art. 3 schon tun können. Vgl. unten S. 33.

Die Erinnerung war in der ersten Fassung dem General-Sekretär des Bureaus als Aufgabe zugewiesen, und die Hauptbedenken drehten sich darum, dass es einem solchen Mann, der nun gar den Augenblick für seine Erinnerung selbständig zu wählen habe, an der nötigen Autorität fehle.

Der deutsche Bevollmächtigte Dr. Zorn war es, welcher schliesslich den Vorschlag machte, vom Generalsekretär abzusehen, aber im übrigen den französischen Antrag gegen verschiedene Einwendungen kräftig verteidigte. Nachdem v. Martens erfolglos angeregt hatte, dass sich der Sekretär mit einer neutralen Macht in Verbindung setze und nachdem Graf Nigra die Pflicht des rappel ebenso erfolglos auf die Schiedshofmitglieder der in Streit befindlichen Staaten abzuladen versucht hatte, bestand die französische Vertretung auf der Abstimmung über ihren Text, welch letzterer dann aber abgelehnt wurde. Ausser Frankreich war nur noch England und die Schweiz dafür.

Nunmehr glückte es dem italienischen ersten Vertreter Grafen Nigra, auf einen neuen Antrag, der einfach die Verpflichtung des Generalsekretärs strich und von der Nennung eines ausführenden Organs Abstand nahm, alle Stimmen zu vereinigen. Und das ist der heutige Art. 27.

Danach haben und behalten die Signatarmächte selbst die Erinnerungspflicht. Die Aufstellung des zwar auch später noch bekämpften Pflichtprinzips blieb Hauptsache. Der bulgarische Bevollmächtigte Dr. Stancioff meinte, eine neue Ära tue sich auf, in welcher sich die Idee der wechselseitigen Verantwortlichkeit von Nation zu Nation mehr und mehr auslöse; eine neue Ära, so meinte auch der amerikanische Bevollmächtigte Holls, in welcher die Völker anerkennen werden die Bande der Solidarität und die gebieterische Pflicht, sich nicht nur für ihren eigenen Frieden, sondern auch den ihrer Nachbarn zu interessieren. Nach den wiederholten Ausführungen von Bourgeois und d'Estournelles steckt hierin ein wesentlicher Punkt der Schiedseinrichtung, die ganze moralische und praktische Tragweite der Haager Friedensbeschlüsse. Es gibt hiernach jetzt keine teilnahmslosen Neutralen mehr, sondern nur noch gute Nachbarn, die dadurch für einander einstehen, dass sie die Pflicht haben, den allgemeinen Frieden zu wahren.

Diese neue Neutralitätspflicht wurde insbesondere auch von dem schweizerischen Bevollmächtigten Odier respektvoll beleuchtet, und es fiel das Schlagwort „pacigérant". Man war sich aber darüber klar, dass hier nur eine „obligation morale", ein „devoir moral" vorliegt. Der deutsche Bevollmächtigte Dr. Zorn erklärte unter allgemeinem Beifall vom Art. 27 „il n'a pas de contenu juridique formel, il ne renferme qu'une recommandation de caractère purement moral". Er meinte: Wäre es anders, so könnte ich den Artikel nicht annehmen. Ähnliches führte der amerikanische Bevollmächtigte Holls über die rechtliche Natur der Erinnerungspflicht aus. Wenn man aber auch trotzdem mit der Friedenskonferenz die Bedeutung dieses Artikels bereitwillig anerkennt, so wird man sich doch nur schwer der Sorge entschlagen können, dass in der Betätigung des rappel ein Staat dem andern nur allzusehr den Vorrang lassen wird.

Auch kann der Art. 27 schon deshalb nicht als die „grande citadelle de la paix" gelten (Veljkovitch), weil es tatsächlich unmöglich ist, dass Kleinstaaten gegenüber den Grossmächten mit diesem Artikel operieren. Das würde der internationalen Schicklichkeit nicht wohl entsprechen. Andererseits aber befürchteten die Kleinstaaten auf Grund des Art. 27 eine Bevormundung von seiten der Grossmächte.

Es kann sich meines Erachtens in Wirklichkeit nur darum handeln, dass eine Macht, die am Frieden in besonderer Weise interessiert ist oder deren Stimme bei einem im Streit befindlichen Staat wegen besonders naher Beziehungen herkömmliche Beachtung findet, ihren Einfluss im Sinne des Friedens und insbesondere zu gunsten der Schiedssprechung geltend macht und dabei vor dem Vorwurf einer unfreundlichen Handlung geschützt ist. Darin erblicke ich die eigentliche Bedeutung des Art. 27. Derselbe ist in Wahrheit nur eine Wiederholung des Art. 3[1]), wonach es die Signatarmächte für nützlich halten, dass eine neutrale Macht ihre Vermittelung anbietet, soweit sich die Umstände hierfür eignen. Nachdem die Erinnerungspflicht ihre bestimmte ausschliessliche Trägerschaft eingebüsst hat, hat der Art. 27 seine besondere Bedeutung verloren, die er nur insoweit besessen hatte, als die Erinnerungspflicht unmittelbar dem Schiedshof zugewiesen war.

Für Serbien bedeutet das, dass der zur Vermittelung gemachte Vorbehalt, wegen der Verwandtschaft der Art. 3 u. 27, nach den ausdrücklichen Feststellungen von Dr. Veljkovitch, auch für den letztgenannten Artikel gilt, dem Serbien nur unter dieser déclaration interprétative schliesslich zustimmte.

3. Die Einrichtung eines ständigen Schiedshofs will nur die Schiedssprechung erleichtern[2]). Darin allein steckt der Fortschritt, der aber auch in der Tat von Bedeutung ist.

Das freie Schiedsgericht muss in jedem einzelnen Fall sozusagen aus dem Nichts geschaffen werden, während sich im ständigen Schiedshof eine ausgebaute und jeder Zeit zugängliche Rechtsinstitution öffnet und auf einen Druck funktioniert.

Der Haager Schiedshof (Cour permanente d'arbitrage) ist kein Richterkollegium, welches entscheidet und im voraus bestellt und besetzt ist; — ein solches Opfer wurde der Souveränität der Staaten nicht zugemutet — sondern der Schiedshof ist, wenn diese Terminologie auch nicht überall festgehalten ist, die ganze ständige Einrichtung der Schieds-

1) Das behauptete auch der serbische Bevollmächtigte Dr. Veljkovitch. Der deutsche Bevollmächtigte Dr. Zorn gab es zu, meinte jedoch, die Wiederholung sei kein Fehler.

2) Art. 20.

sprechung, auf deren Grund im einzelnen Streitfall das Schiedsgericht (tribunal) gebildet wird. Der „ständige Schiedshof" enthält nur die Elemente, von welchen einige im gegebenen Fall zur Bildung eines „Schiedsgerichts" berufen werden. Er selbst hat keine richterliche Funktion, und deshalb hat die deutsche Regierung sich von Anfang an mit der Bezeichnung „Cour" nicht befreunden können. Abgesehen vom „internationalen Bureau" im Haag, welches dem Schiedshof nur Sekretariatsdienste leistet, und dem „ständigen Verwaltungsrat" im Haag, unter dessen Leitung und Aufsicht dieses Bureau steht, gibt es, wie auch Dr. Zorn im Auftrag der deutschen Regierung wiederholt erklärte, nur noch eine „Liste" (Gesamtliste), in welche die von jedem Staat benannten Männer eingetragen sind, und von welchen im gegebenen Fall einige zur Entscheidung ausgewählt werden und das Schiedsgericht bilden.

Das ist nun genauer darzustellen.

II. Was die Organisation betrifft, so wird

1. die Liste des Schiedshofes nach Art. 23 in folgender Weise hergestellt.

Jede Signatarmacht ernennt auf sechs Jahre höchstens vier Personen von anerkannter Sachkunde in Fragen des Völkerrechts, die sich der höchsten sittlichen Achtung erfreuen und bereit sind, ein Schiedsrichteramt zu übernehmen.

Die Mitgliederzahl stellt sich demnach auf etwa hundert. Der englische Entwurf hatte für jeden Staat zwei Vertreter vorgesehen. Die Erhöhung geht auf eine deutsche Anregung zurück, welche damit begründet wurde, dass man oft Sachverständige brauche: Nationalökonomen, Juristen, Militärs, Diplomaten u. s. w. Der russ. Vertreter v. Martens entgegnete zwar, Spezialisten könnten ja als Sachverständige geladen werden, und das Ansehen des Schiedshofs wachse mit der Herabsetzung der Mitgliederzahl. Aber man fügte sich schliesslich dem deutschen Verlangen im Interesse der Einheit.

Der Anregung des amerikanischen Bevollmächtigten Holls, dem höchsten Gerichtshof eines jeden Landes an der staatlichen Ernennung einen Anteil zu sichern, wurde nicht statt gegeben.

Die Beschränkung auf sechs Jahre geht auf einen Antrag des belgischen Bevollmächtigten Descamps zurück, welcher auch die Bestimmung veranlasste, dass sich mehrere Mächte über die gemeinschaftliche Ernennung verständigen können.

Der holländische Bevollmächtigte Asser hatte angeregt, das Prinzip der freien Absetzbarkeit förmlich auszusprechen; aber Descamps erklärte es für gefährlich, ein solches Recht ausdrücklich hervorzuheben. Man könne es auf den Fall ankommen lassen, und solle nicht durch eine allgemeine Vorkehrung den Grundsatz der Unabsetzbarkeit erschüttern.

2. Die Bildung des Schiedsgerichts erfolgt, wenn sich die Signatarmächte zur Erledigung einer unter ihnen entstandenen Streitfrage an den Schiedshof wenden, durch Wahl aus der Gesamtliste der Mitglieder des Schiedshofs[1]). Insbesondere waren es v. Martens und Holls, welche gegen Descamps mit Nachdruck den Satz vertraten, man dürfe bei der Wahl der Schiedsrichter nicht über die Liste hinausgreifen. Dies nehme sonst der Liste zum Teil ihre Autorität und lasse sie schliesslich vergessen werden.

Bei der Wahl ist in erster Linie die unmittelbare Verständigung der Parteien massgebend. Kommt es zu keiner Verständigung, so ernennt nach Art. 24 jede Partei zwei Schiedsrichter, und diese wählen gemeinschaftlich einen Obmann.

Die weiteren Schwierigkeiten drehen sich um die Obmannsbestellung für den Fall, dass sich die Schiedsrichter nicht einigen können.

Man sprach vom Loos und der Ernennung durch die Oberhäupter der neutralisierten Staaten; aber man fand, dass die Frage beim freien Schiedsgericht nicht anders liege und übernahm daher einfach die diesbezügliche Bestimmung aus dem Kapitel über das Schiedsverfahren (Art. 32):

---

1) Art. 24.

Hiernach wird bei Stimmengleichheit die Ernennung des Obmanns einer dritten Macht anvertraut. Kommt es auch über diese Macht nicht zur Einigung, so bezeichnet jede Partei eine Macht und diese beiden Staaten, unter welchen allerdings leichter ein Einverständnis erzielt werden wird, wählen dann den Obmann.

Damit ist das Schiedsgericht gebildet, welches an dem von den Parteien festgesetzten Tage zusammentritt.

Am Schlusse der ersten Lesung des Komitees warf der belgische Bevollmächtigte Descamps noch die Frage nach der völkerrechtlichen Stellung der Schiedsrichter auf und verlangte für sie im Hinblick auf ihr internationales höchstes Richteramt das Vorrecht der Unverletzlichkeit. Der deutsche Bevollmächtigte Dr. Zorn nannte die Schiedsrichter geradezu diplomatische Agenten ad hoc, und exterritoriale Persönlichkeiten.

Hier setzt nunmehr der Schluss des Art. 24 ein; doch beschränkt sich derselbe bedauerlicherweise auf die Mitglieder des Schiedshofs, lässt also die freien Schiedsgerichte leer ausgehen.

Nach Art. 24 geniessen die Mitglieder des Schiedshofs während der Ausübung ihres Amtes[1]) die diplomatischen Vorrechte. Den verschiedenen Anregungen, dieselben nur beschränkt zu gewähren, wurde nicht entsprochen. Andererseits wurden aber jene Privilegien auf eine Anregung des belgischen Be-

---

[1]) Das heisst, wie Descamps auf eine Anfrage des Grafen von Grelle Rogier feststellte, nicht schon von ihrer Ernennung an, sondern für die Zeit, „lorsqu'ils siègent effectivement". v. Martens bestimmte es dahin: von dem Augenblicke an, wo sich der Schiedsrichter anschickt, in das Land des Schiedsgerichts abzureisen. Auf die Frage Pauncefotes, ob die Schiedsrichter die diplomatischen Vorzüge auch schon während ihrer Reise durch fremde Staaten geniessen, erklärten Berichterstatter und Kommissionspräsident, das gehöre nicht in das Abkommen. Die betreffenden Regierungen hätten zu entscheiden, ob für sie dieselbe Courtoisie wie gegenüber den Gesandten gelten solle. Auch der österreichische Bevollmächtigte Lammasch meinte, man könne die Schiedsrichter nicht besser stellen als die Gesandten, welch letztere ein wirkliches Recht der Exterritorialität nur im Lande ihres amtlichen Wirkungskreises geniessen.

vollmächtigten Grafen von Grelle Rogier nur für den Fall zugestanden, dass die Schiedsrichter ausserhalb ihres Heimatlandes tätig werden. Diese Entscheidung wirkt über das Schiedsrecht hinaus und löst gleichzeitig eine alte Streitfrage aus dem Gesandtschaftsrecht. Es ist damit festgestellt, dass man im eigenen Lande keine diplomatischen Vorrechte hat.

Das Schiedsgericht hat regelmässig seinen Sitz im Haag, und das „Haager Schiedsgericht" ist bereits eine stehende Bezeichnung. Abgesehen von dem Falle höherer Gewalt darf der Sitz des Schiedsgerichts nur mit Zustimmung der Parteien verlegt werden.

Das letztere gilt auch vom freien Schiedsgericht, welches übrigens mangels besonderer Bestimmung seinen Sitz gleichfalls im Haag hat[1]).

3. Im Haag ist auch ein internationales Bureau errichtet, das dem Schiedshofe für die Gerichtsschreibergeschäfte dient[2]), oder Sekretariatsdienste leistet. Die deutsche Regierung liess durch ihren Bevollmächtigten Dr. Zorn erklären, sie lege Wert darauf, dass das Bureau seine Natur als Sekretariat nicht verliere und nicht ein Mittelpunkt der internationalen Politik werde. v. Martens hat dasselbe als „resumé" des Schiedshofes bezeichnet.

Dieses Bureau besorgt alle Verwaltungsgeschäfte[3]).

Die Parteien teilen dem Bureau ihren Entschluss, sich an den Schiedshof zu wenden, und die Namen der Schiedsrichter mit, und darauf vermittelt das Bureau die auf den Zusammentritt des Schiedshofs bezüglichen Mitteilungen[4]).

Die Veröffentlichung der Schiedssprüche kann das Bureau nur mit Zustimmung der beteiligten Regierungen vornehmen.

Das Bureau ist auch zu den freien Schiedsgerichten in Beziehung gesetzt, indem nach dem vom holländischen Bevollmächtigten Asser angeregten Abs. 4 und dem vom rus-

---

1) Art. 36.
2) Art. 22, Abs. 1.
3) a. a. O. Abs. 3.
4) Abs. 2.

sischen Bevollmächtigten v. Martens beantragten Abs. 5 von jeder Schiedsabrede wie von jedem Schiedsspruch und seinem Vollzug an das Bureau im Haag Mitteilung zu machen ist.

Haag sollte, wie v. Martens und Descamps betonten, der Mittelpunkt der internationalen Schiedssprechung werden. Deshalb wurde nachträglich auf einen von Martens unterstützten Antrag des englischen ersten Vertreters Pauncefote auch der Art. 26 eingestellt:

„Das internationale Bureau im Haag ist ermächtigt, sein Geschäftslokal und seine Geschäftseinrichtung den Signatarmächten für die Tätigkeit eines jeden besonderen (also freien) Schiedsgerichts zur Verfügung zu stellen.“

Die Kosten des Bureaus werden nach einem Beschluss des Komitees in zweiter Lesung von den Signatarmächten nach dem für das internationale Bureau des Weltpostvereins festgestellten Verteilungsmassstabe getragen.

Was aber die Prozesskosten betrifft, so trägt jede Partei ihre eigenen Kosten ganz und die Kosten des Schiedsgerichts zu gleichem Anteile[2]).

4. Ein ständiger Verwaltungsrat schliesst die Schiedsorganisation ab[3]).

Der Verwaltungsrat war schon im Pauncefoteschen Entwurf vorgesehen, aber die heutige Organisation geht auf einen eigenen Abänderungsantrag von Pauncefote zurück. Während im Entwurf die (holländische) Regierung beauftragt war, den aus fünf Mitgliedern und einem Sekretär bestehenden Verwaltungsrat frei einzurichten, besteht derselbe nach dem Art. 28 aus den im Haag beglaubigten[4]) diplomatischen Vertretern der

---

1) Art. 29.

2) Art. 57.

3) Art. 28.

4) Nach dem Antrag Pauncefote hiess es „residierenden“. Der heutige Text geht auf eine Anregung von Asser zurück, welcher indes von Dr. Zorn und d'Estournelles bekämpft und in der ersten Lesung des Komitees abgelehnt worden war. In der dritten Lesung erneuerte der erste schwedische Vertreter Bildt den Antrag Asser und wies darauf hin, dass der im Haag akkredidierte schwedische

Signatarmächte und dem niederländischen Minister der auswärtigen Angelegenheiten als Vorsitzenden. Man wollte durch diese Organisation dem neuen Werk mehr Stetigkeit geben.

Der Verwaltungsrat behält das von ihm errichtete und eingerichtete internationale Bureau, dessen Beamten er auch ernennt und entlässt, unter seiner Leitung und Aufsicht und trägt für die äussere Einrichtung des Schiedshofs, von dessen Bildung er den Mächten Nachricht zu geben hat, Sorge. Er entscheidet alle Verwaltungsfragen, die sich in Beziehung auf den Geschäftsbetrieb des Schiedshofs erheben. Der Verwaltungsrat teilt allen Signatarmächten unverzüglich seine allgemeinen Anordnungen mit und erstattet ihnen einen Jahresbericht über die Geschäftstätigkeit und Ausgaben.

5. Der ständige Schiedshof im Haag ist mittlerweilen eingerichtet worden und hat bereits funktioniert.

Am 15. September 1902 trat das Haager Schiedsgericht zum erstenmal in Tätigkeit. Es entschied einen Streit Mexikos und der Vereinigten Staaten von Amerika um geistliche Güter. Amerika ernannte als Schiedsrichter Sir Edwar Fry, Mitglied des englischen Privy Council und v. Martens in Petersburg. Mexiko bestellte zwei Holländer: Asser und Lohman. Diese vier wählten als Obmann einen Dänen, Professor Matzen. Als Anwälte waren tätig für die Vereinigten Staaten Stewart, Mac Enerney und Descamps, für Mexiko Beernaert und Delacroix. Zu Agenten waren bestellt für die Vereinigten Staaten der Advokat Ralston von Washington und für Mexiko der Gesandte Pardo im Haag.

Der holländische Minister des Äussern van Lynden führte das neue Schiedsgericht ein, indem er ausführte, es sei der neuen Welt vorbehalten gewesen, der alten Welt ein Vorbild zu geben. Alle Schiedsrichter waren Ausländer.

Gesandte in Brüssel wohne und somit im Verwaltungsrat nicht vertreten sein könne. Jetzt wurde der Antrag mit 5 gegen 4 Stimmen angenommen. Doch wurde zu Protokoll festgestellt, dass die Diplomaten im Haag ihren Wohnsitz nehmen müssen, wo ihnen alle einschlägigen Mitteilungen und Berufungsschreiben zugestellt werden sollen.

Das Schiedsgericht verurteilte am 14. Oktbr. 1902 Mexiko zur einmaligen Zahlung von 1,420,682$^{67}/_{100}$ Dollars und zur Entrichtung von Jahresrenten in der Höhe von 43,050$^{99}/_{100}$ Dollars.

Auch in dem Streit Deutschlands mit Venezuela in diesem Jahr einigte man sich schliesslich dahin, die Reklamationen zweiter Klasse, d. h. die Verteilung der Ansprüche deutscher Reichsangehöriger aus dem jetzigen Bürgerkrieg in der Höhe von 4—5 Millionen Mark durch das Haager Schiedsgericht entscheiden zu lassen. Ebenso haben schon andere Staaten vertragsmässig die Forderungen ihrer Angehörigen an Venezuela an das Haager Schiedsgericht verwiesen, wobei die Königin der Niederlande den Obmann ernennen soll.

III. Bei der Würdigung der Schiedshof-Institution ist vor allem zu betonen, dass nicht eine Art von Völkerareopag mit einer alle Staaten umfassenden Rechtssprechung geschaffen wurde.

Was gegen diesen spricht[1]), kann nicht auch gegen das Haager Schiedsgericht ausgespielt werden. Diesem fehlt vor allem die kosmopolitische Grundlage. Es ist nicht die feste Gerichtsform eines Weltstaates, sondern die Bildung erfolgt ad hoc vom Boden der einzelstaatlichen Souveränität aus. Die Grundlagen der bisherigen Schiedsgerichtsverfassung sind nicht verlassen worden; denn das ständige Schiedsgericht im Haag ist auch nur ein vereinbartes Gericht[2]), dem weiterhin nicht alle Streitfälle sondern nach Massgabe spezieller Abmachungen besondere Rechtsstreitigkeiten unterbreitet werden. Lediglich deshalb hat Deutschland schliesslich seine Zustimmung zum Schiedshofprojekt gegeben[3]).

Für die Vereinbarung sind nur durch die Liste Schranken errichtet, und mangels unmittelbarer Verständigung greifen gewisse Bestimmungen Platz. Auch stellt sich ein Verwaltungsorganismus fördernd zur Verfügung, und der Hinweis

---

1) Vgl. meine „Völkerrechtlichen Schiedsgerichte“ 1890 S. 23 ff.

2) Diesem habe ich schon 1890 meine volle Sympathie entgegengebracht. Vgl. a. a. O. S. 39.

3) Vgl. oben S. 24 f., 29.

der Neutralen auf das ständige Schiedsgericht erscheint als die Betätigung guter Dienste.

In diesen Bestimmungen liegt eine wesentliche Fortbildung des Schiedsrechts. Es ist alles sozusagen bereit gestellt, und die Parteien brauchen nur zuzugreifen. Auch ist der ständige Schiedshof im Haag ein dauerndes Mene Tekel zu gunsten friedlicher Beilegung von Streitigkeiten, ein Wahrzeichen internationaler Rechtsgemeinschaft, dem man ohne moralische Verurteilung nicht den Respekt versagen kann

Neuestens ist zu gunsten des Haager Schiedshofs auf Kosten der freien Schiedsgerichte eine Bewegung im Gang. Gewiss ist die Institution des ständigen Schiedshofs die entschiedenste und wertvollste Verkörperung des Friedensgedankens. Aber man darf nicht vergessen, dass die Haager Konferenz selbst nicht bloss für die freien Schiedsgerichte Raum liess, sondern es auch ablehnte, durch eine besondere Empfehlung des ständigen Schiedshofs die Schiedssprechung zu schädigen[1]). Die Staaten glauben, wie es scheint, ihrer Würde immer noch am wenigsten zu vergeben, wenn sie in wirklich ernsthaften Streitigkeiten, wo es sich um mehr als einen Kirchenschatz oder andere Geldforderungen handelt, von einem Staatsoberhaupt die Entscheidung begehren. Der Schiedsgedanke verlangt, dass man hier keinerlei Schwierigkeit macht.

Das Haager Schiedsgericht kann ja auch in der Weise gebildet werden, dass ein einziger Listenmann betraut wird[2]). Staatsoberhäupter, die übrigens ja auch im Art. 33 privilegiert werden[3]), sind aber über jede besondere Listenqualifikation erhaben; und wenn die im Streit befindlichen Mächte über die Tüchtigkeit eines anderen, auch privaten Schiedsrichters einig sind, so soll es ihm nichts schaden, dass er auf der Liste fehlt. Auch andere Bestimmungen zeigen, dass die Grenze zwischen ständigem und freiem Schiedsgericht

---

1) Vgl. oben S. 29 f.

2) Vgl. oben S. 35.

3) Vgl. unten S. 44.

überbrückt ist, ein Grund mehr, hier der Freiheit keine Schranken zu setzen. Die Hauptsache ist Schiedsgericht, nicht Haager Schiedsgericht! Die Einrichtung des Haager Schiedshofs will für die Schiedssprechung nur Erleichterungen bieten. Um so besser, wenn Staaten derselben gar nicht benötigen.

3. Das Schiedsverfahren.

I. Die Bedeutung einer Schiedsprozessordnung liegt offen zu Tag. Auch der Descamps'sche Bericht brachte es in Erinnerung, wie wünschenswert es sei, dass für das Schiedsgericht feste Prozessregeln aufgestellt werden. Je öfter sich die Schiedssprechung wiederholte, desto mehr empfand man das Bedürfnis nach solchen allgemein geltenden Bestimmungen, damit man nicht genötigt wäre, an Vorfragen seine Kräfte zu verbrauchen. Das „Institut de droit international" hatte 1874/5 nach einem Entwurf des Prof. Goldschmidt in Berlin eine Schiedsprozessordnung verfasst und den Regierungen zugestellt. Dieselbe war in erster Linie der Völkerrechtspraxis entnommen und im übrigen unter Berücksichtigung der verschiedenen Rechtsgrundsätze über privatrechtliche Schiedsgerichte und der internationalen Bedürfnisse frei entwickelt. Doch war das lediglich eine Privatarbeit, und es bedurfte immer erst eines Rezeptionsbeschlusses, wenn sie bestimmend werden sollte. Sie wurde jetzt eine bedeutsame Vorarbeit für die Haager Konferenz. Auch noch andere Arbeiten waren früher in Angriff genommen worden; und in steter Weiterentwickelung der Schiedsrechtspraxis waren für eine Reihe von Schiedsfällen wichtige Grundsätze des Verfahrens festgelegt worden, welche das Ergebnis langjähriger Übung waren. Nun war man endlich soweit, dass man glaubte, aus den wissenschaftlichen Arbeiten und praktischen Erfahrungen eine Zusammenstellung von Vorschriften machen zu sollen, welche mit einiger Sicherheit auf allgemeine Annahme rechnen konnte.

Der russische Hauptentwurf bezeichnete es demgemäss im Art. 13, welcher im wesentlichen im heutigen Art. 30 aufgegangen ist, als im Interesse der Schiedssprechung gelegen, eine Schiedsprozessordnung ein- für allemal zu vereinbaren und stellte zu diesem Zwecke in der Anlage einen besonderen Entwurf, ein „projet de code d'arbitrage“ zur Verfügung, der dann auch die Grundlage der Beratung bildete, aus welcher schliesslich das dritte Kapitel („Schiedsverfahren“) des heutigen Abkommens (Art. 30—57) hervorging.

Damit ist in Erfüllung gegangen, was ich schon 1890 anstrebte, indem ich erklärte: „Es wäre zu wünschen, dass sich die Staaten über ein Reglement betr. das schiedsgerichtliche Verfahren einigen. Der Entwurf des völkerrechtlichen Instituts könnte dabei zu grunde gelegt werden.“[1])

Hat bis jetzt die völkerrechtliche Lehre vom schiedsgerichtlichen Verfahren zu den komplizierteren Lehren der Rechtswissenschaft gehört, so ist nunmehr durch das Abkommen eine klare und einfache Situation geschaffen.

Die hier festgelegte Schiedsprozessordnung ist subsidiärer Natur, d. h. sie greift nur Platz, soweit nicht die Parteien über andere Bestimmungen übereingekommen sind.[2]) Schranken sind für diese Bestimmungen nicht aufgestellt.

Damit ist die Selbständigkeit und Freiheit der Staaten gewahrt, aber auch ihrem Interesse vorgearbeitet. Die Parteien finden jetzt eine allseitig geprüfte Prozessordnung vor, die ohne weiteres massgebend ist, wenn sie nicht im besonderen Übereinkommen abgelehnt wird.

Der Schiedsrechtsgedanken hat damit eine glänzende Bewertung und Fortbildung erfahren.

II. Die Organisationsfrage beschäftigt sich mit den Schiedsrichtern und Parteivertretern.

1. Zur Schiedssprechung kommt man nach wie vor auf dem Weg des Compomissum und Receptum.

Das Compomissum ist der „Schiedsvertrag“ — auch die Schiedsklausel — worin sich die Parteien über die schieds-

1) „Völkerrechtliche Schiedsgerichte“ S. 39. Vgl. auch S. 9.

2) Art. 30.

richterliche Austragung eines Streites mit der Wirkung einigen, dass sie dem Schiedsspruch nach Treu und Glaube unterworfen sind. In diesem Schiedsvertrag sind auch die Befugnisse der Schiedsrichter bestimmt.[1]) Das Receptum ist der Vertrag der Parteien mit dem Schiedsrichter, durch welchen das Schiedsrichteramt übertragen und angenommen wird[2]). Natürlich kann jeder Schiedsrichter ablehnen.

Hier war insbesondere des mittlerweilen beschlossenen ständigen Schiedshofes zu gedenken. Demgemäss schlug der russische Bevollmächtigte v. Martens eine Fassung vor, welche den Parteien das Recht gibt, ihren Streit sowohl bei freigewählten Richtern als bei dem ständigen Schiedshof anzubringen[3]).

Im letzten Falle greifen die Bestimmungen über den ständigen Schiedshof Platz[4]), der jederzeit zugänglich und für alle Schiedsfälle zuständig ist und mangels entgegenstehender Abmachung gleichfalls nach Massgabe der Schiedsprozessordnung tätig wird[5]).

Im andern Fall ist der Art. 32 massgebend. Dieser rechnet übrigens auch mit der Möglichkeit eines einzigen Schiedsrichters und überlässt, falls ein Souverän oder sonstiges Staatsoberhaupt gewählt ist, diesem auch die Regelung des Verfahrens[6]). Die Souveräne erledigen nämlich derartige Geschäfte herkömmlich durch Vertreter oder nach Art der Staatsangelegenheiten. Bluntchli war deshalb dafür gewesen, dass man die Monarchen aus dem Spiel lasse. Aber das kann man ruhig den Parteien anheimstellen. Die Staaten empfangen erfahrungsgemäss ihr Urteil lieber von einem Staatsoberhaupt, und sie können ja vertragsmässig ausmachen, wie die Urteilsfinder zu bestimmen sind.

---

1) Art. 31.
2) Art. 32 Abs. 1.
3) a. a. O. Vgl. oben S. 29 f.
4) Art. 24.
5) Art. 20, 21.
6) Art. 33.

In der Bestellung eines freigewählten Schiedsgerichts stimmt der Art. 32 mit dem Art. 24 vollständig überein[1]). Kommt es hiernach zu keiner unmittelbaren Verständigung, so ernennt jede Partei zwei Schiedsrichter[2]), die, wie auf Anregung des bulgarischen ersten Vertreters Dr. Stancioff ausdrücklich festgestellt wurde, beide dem ernennenden Staat angehören können. Manche Rede liess sogar den Schluss zu, dass man solche Parteivertretungen für den normalen Zustand hielt. Vgl. unten S. 53 f.

Die Schiedsrichter wählen gemeinschaftlich einen Obmann, welcher bei Stimmengleichheit durch eine von den Parteien vereinbarte dritte Macht[3]) resp. bei Unmöglichkeit einer solchen Einigung durch die von den Parteien gewählten beiden Mächte bestellt wird.

Der Obmann ist Vorsitzender des Schiedsgerichts, welch letzterer nötigenfalls vom Schiedsgericht selbst ernannt wird[4]).

Der Antrag des schwedischen ersten Bevollmächtigten Bildt, dass die Wahl des Obmanns der Bestätigung der Parteien bedürfe, wurde abgelehnt. Descamps hob in diesem Zusammenhang hervor, dass die Parteien mit den von ihnen ernannten Schiedsrichtern ausreichende Beziehungen hätten und die Bestätigung nicht dem moralischen Ansehen der Schiedsrichter entspreche. Das passt zwar nur für den Fall, dass die Schiedsrichter selbst den Obmann wählen. Aber es empfiehlt sich in der Tat nicht, für den Fall, dass die Parteien nicht einig werden können, durch das Aufwerfen der Bestätigungsfrage weitere Schwierigkeiten zu schaffen.

Wenn ein Schiedsrichter stirbt, zurücktritt oder aus irgend einem Grund verhindert ist, erfolgt sein Ersatz in der für seine Ernennung vorgesehenen Weise[5]).

---

1) Vgl. oben S. 35 f.

2) Descamps hatte einen beantragt.

3) Der erste Entwurf wie die Descampssche Redaktion hatte hier „dritte Person."

4) Art. 34.

5) Art. 35.

Der russische Entwurf hatte für diesen Fall den ganzen Schiedsvertrag hinfällig werden lassen.

Es handelte sich hier um einen alten Streit. Der holländische Bevollmächtigte Asser war es, welcher im Komitee die Prinzipienfrage aufwarf und dabei ausführte, der betreffende Staat selbst habe für Ersatz zu sorgen und der Schiedsvertrag bleibe in Kraft.

So war es auch in den Verträgen und in der Praxis gehalten worden, was insbesondere auch von Pauncefote und Nigra verwertet, aber von Martens nnd Holls als prinzipwidrig bekämpft wurde. Die letzteren führten wiederholt aus: die Schiedssprechung ruhe auf dem persönlichen Vertrauen in die Schiedsrichter. Mit dem Beauftragten falle auch der Auftrag; versage ein Schiedsrichter, so werde der ganze Schiedsvertrag hinfällig und es müsse ein neues Kompromiss geschlossen werden.

Aber Asser erwiderte mit Recht, die Regierungen könnten ihr Vertrauen ja auf einen anderen übertragen. Auch der deutsche Bevollmächtigte Dr. Zorn erklärte: haben sich zwei Staaten einmal auf die Schiedssprechung geeinigt, so darf sie kein Zufall mehr um die Früchte dieser Bemühung bringen.

2. Beim Schiedsgericht werden Bevollmächtigte oder Agenten zum Zwecke der Vermittelung sowie Rechtsbeistände oder Advokaten zur Wahrnehmung der Parteiinteressen zugelassen[1]).

In einer Kommissionssitzung warf der Bevollmächtigte der Vereinigten Staaten Seth Low die sog. Inkompatibilitätsfrage auf. Ist es den Mitgliedern des Schiedshofs, welche nicht gerade in einem Schiedsgericht beschäftigt sind, erlaubt, in einem solchen als Agenten oder Advokaten zu wirken?

In der Komiteesitzung am folgenden Tage gab der amerikanische Bevollmächtigte, Advokat Holls, welcher wiederholt auf eine Lösung dieser Frage drang, folgendes Beispiel:

---

1) Art. 37.

Zorn ist von Siam als Richter bestellt. Kann er da auch für Deutschland Advokat sein, natürlich nicht in derselben Streitsache, aber doch vor dem Haager Schiedsgericht? Und weiter: Kann jemand, der bereits eine Anwaltsvertretung angenommen hat, noch auf der Liste der Schiedsrichter stehen bleiben?

Descamps bejahte die letzte Frage; sonst würden sich fähige Schiedsrichter nicht in die Liste eintragen lassen, um sich die Möglichkeit zu erhalten, zum Advokaten oder Agenten gewählt zu werden.

Der französische Vertreter Bourgeois führte aus, es gebe nur eine zeitliche Inkompatibilität. Man könne nicht zugleich in einem Schiedsgericht Mitglied und in einem anderen Advokat oder Agent sein. Habe aber jemand nicht gerade als Schiedsrichter zu tun, so könne ihn der Umstand, dass er auf der Liste stehe, nicht hindern, als Agent oder Advokat aufzutreten.

Das Komitee beschloss auf Grund dieser Anregung, folgende von Descamps vorgeschlagene Erklärung in den Bericht aufzunehmen:

> Kein Mitglied des Schiedshofs kann während der Dauer seines Amtes als Mitglied eines Schiedsgerichts den Auftrag als Agent oder Advokat vor einem anderen Schiedsgericht annehmen.

Damit war anerkannt, dass Mitglieder des Schiedshofs, welche nicht gerade Mitglieder eines Schiedsgerichts sind, als Advokaten und Agenten in einem Schiedsgericht tätig sein können. Die Inkompatibilität war insoweit verneint.

Anerkannt war aber, dass Mitglieder des ständigen Schiedshofs nicht zu gleicher Zeit an einem Schiedsgericht Mitglied und an einem anderen Advokat oder Agent sein können. Insoweit war die Inkompatibilität bejaht.

Dieser Beschluss beschäftigte sich übrigens nur mit dem im Schosse des Schiedshofs gebildeten Schiedsgericht.

Die Kommisson nahm die Erklärung des Komitees zur Kenntnis, nachdem Holls noch einmal vergeblich versucht hatte, für den englisch-amerikanischen Grundsatz „once a judge, always a judge" eine Lanze zu brechen. Holls vertrat die Ansicht, dass die Schiedsrichter höchstens von ihrem eigenen Land resp. dem ernennenden Staat ein Anwaltsmandat annehmen können. Man müsse es verhindern, dass ein Schiedshofmitglied, nachdem es kurz zuvor Recht gesprochen hat, auf einmal vor seinen früheren Kollegen mit einer bei seinem richterlichen Amt geborgten Autorität als Advokat auftrete. Descamps aber wies mit Nachdruck darauf, dass Staaten, welche hier weitere Beschränkungen wünschen, diese bei der Ernennung ihrer Schiedsrichter ja auferlegen können; Sache eines allgemeinen Abkommens sei das nicht.

III. Das Schiedsgericht entscheidet über die zu wählende Sprache[1]).

Ist das Schiedsgericht auch befugt, seine Zuständigkeit zu bestimmen?

In dem berühmten Alabamafall, welcher die Schiedsfrage so mächtig gefördert hat, war die Frage bejaht worden. Geffcken erklärte es aber nach wie vor als irrig.

Das war eine alte Streitfrage, in deren Beantwortung auch die Bevollmächtigten der Konferenz nur schwer zu einer Einigung kamen. Gegenüber der Forderung Assers, hier dem Schiedsgericht die grösste Freiheit zu lassen, wurde von Bourgeois geltend gemacht, dass dies unter Umständen sehr nachteilig sein könne. Der jeweilige Schiedsvertrag allein dürfe massgebend sein. Andernfalls würde man den Staaten die Schiedsgerichte verleiden; denn diese würden den Schiedsspruch nur dann anrufen, wenn sie keine Überraschungen zu gewärtigen hätten.

Man erkannte aber, dass die Schiedssprechung wie jede Rechtsprechung eines festeren Rückhaltes bedürfe, und demgemäss bestimmt der Art. 48:

„Das Schiedsgericht ist befugt, seine Zuständigkeit zu bestimmen, indem es den Schiedsvertrag, sowie die sonstigen

[1]) Art. 38.

Staatsverträge, die für den Gegenstand angeführt werden können, auslegt und die Grundsätze des Völkerrechts anwendet."

Ich habe schon früher erklärt[1]): „Wenn die Kompetenz mittelst strikter Interpretation nicht festgestellt werden kann, so ist sie doch im Zweifel zu bejahen. Denn es erfolgt hierdurch kein Eingriff in die Befugnisse eines ordentlichen Gerichts, und es wird immerhin die Entscheidung einer sonst streitigen Angelegenheit herbeigeführt, der gegenüber ja immer noch die Möglichkeit eines kriegerischen Austrags verbleibt. Bei dieser Sachlage lege ich dem Einwand, eine Behörde könne den Akt nicht authentisch interpretieren, der sie erst geschaffen habe, keine besondere Bedeutung bei." Auch die staatlichen Gerichte fassen über ihre Kompetenz Beschluss.

IV. Die auf das Verfahren bezüglichen Anordnungen zur Leitung der Streitsache werden vom Schiedsgericht erlassen. Dasselbe bestimmt auch die Formen und Fristen für die Antragstellung der Parteien und ordnet die Beweisaufnahme[2]).

Das Schiedsverfahren zerfällt regelmässig in zwei gesonderte Abschnitte: das Vorverfahren und die Verhandlung[3]).

1. Das Vorverfahren umfasst die Aktenproduktion[4]), wobei zu beachten ist, dass jedes von einer Partei vorgelegte Schriftstück der andern Partei in vorschriftsmässiger Form und Frist zugeleitet werden muss[5]).

Nach dem Schluss des Vorverfahrens ist das Schiedsgericht befugt, alle neuen Aktenstücke und Urkunden von der Verhandlung auszuschliessen, falls nicht die Gegenpartei ausdrücklich ihre Einwilligung erklärt[6]).

Andernteils kann aber das Schiedsgericht, falls sich eine Partei während der Verhandlung auf neue Aktenstücke beruft,

---

1) „Völkerrechtliche Schiedsgerichte" 1890, S. 14 f.

2) Art. 49.

3) Art. 39.

4) a. a. O.

5) Art. 40.

6) Art. 42.

die Vorlage der letzteren verlangen, wenn es dieselben in Betracht zu ziehen gedenkt[1]). Natürlich müssen dieselben dann auch der Gegenpartei mitgeteilt werden[2]).

Auch darüber hinaus kann das Schiedsgericht die Vorlage aller nötigen Aktenstücke und Aufklärungen verlangen. Im Falle der Verweigerung nimmt das Schiedsgericht von ihr Vermerk[3]).

Dieser Bestimmung zumal legte man mit Recht eine grosse Bedeutung bei. Das Schiedsgericht kann hiernach einer Partei nach Bedürfnis die Auflage machen, ihre Aussagen zu rechtfertigen; und kommt sie dieser Auflage nicht nach, so tut sie das auf eigene Gefahr. Der Art. 44 wahrt also in gleicher Weise das Recht des Schiedsgerichts und die Freiheit der Parteien.

2. Die Verhandlung besteht in den mündlichen Parteivorträgen vor dem Schiedsgericht[4]).

Sie wird vom Vorsitzenden geleitet und ist nur dann öffentlich, wenn unter Zustimmung der Parteien ein diesbezüglicher Beschluss des Schiedsgerichts ergeht[5]). Über die Verhandlung wird ein Protokoll aufgenommen, welches öffentliche Beweiskraft hat[6]). Auch die Stimmenthaltung bei der Abstimmung ist zu protokollieren[7]).

Es ist Freiheit der Verteidigung garantiert[8]). Die Parteivertreter können auch Einreden und Zwischenstreit erheben, worüber dann endgültig entschieden wird[9]). Die Mitglieder des Schiedsgerichts sind befugt, an die Parteivertreter Fragen zu stellen und von ihnen Aufklärungen zu fordern[10]). Die

---

1) Art. 43.
2) a. a. O.
3) Art. 44.
4) Art. 39.
5) Art. 41.
6) a. a. O.
7) Art. 51.
8) Art. 45.
9) Art. 46.
10) Art. 47. Die Schlussbestimmung des Art. 44 wirkt auch hierher.

Fragen und Bemerkungen der Schiedsrichter sind ohne präjudizielle Bedeutung für das Schiedsgericht[1]).

Nachdem die Parteivertreter alle Beweise und Aufklärungen geliefert haben, spricht der Vorsitzende den Schluss der Verhandlung aus[2]).

V. Die Beratung des Schiedsgerichts ist stets geheim[3]); und die Entscheidung erfolgt mit Stimmenmehrheit[4]); aber nicht etwa der anwesenden, sondern aller ernannten Mitglieder des Schiedsgerichts. Die Streichung von „présents" im russischen Entwurf erfolgte, um bessere Garantien zu geben, die um so wünschenswerter waren, als keine Bestimmungen über Beschlussfähigkeit vorgesehen sind. Man sprach in der Kommission auf Anregung des rumänischen Bevollmächtigten Papiniu auch über den Fall, dass es bei einer das Haager Abkommen derogierenden Besetzung nicht möglich sei, eine Majorität zu erzielen und kam zu dem Resultat, dass es den beteiligten Regierungen überlassen bleiben müsse, hier entsprechende Abhilfe zu schaffen.

Der Schiedsspruch ist schriftlich abzufassen und von jedem Mitglied des Schiedsgerichts zu unterzeichnen. Die in der Minderheit gebliebenen Mitglieder haben das Recht — nicht, wie der Entwurf gewollt hatte, die Pflicht — die Verweigerung ihrer Zustimmung festzustellen[5]).

Ist der Schiedsspruch auch mit Entscheidungsgründen zu versehen?

Der russische Entwurf hatte durch sein Schweigen die Frage verneint. Dass sie aber schliesslich bejaht wurde[6]), ist vor allem das Verdienst des deutschen Bevollmächtigten

---

1) Art. 47.

2) Art. 50.

3) Art. 51.

4) a. a. O. Die völkerrechtliche Praxis stand schon bisher auf diesem Boden. Die Behauptung der vereinigten Staaten 1877 (nach dem Schiedsspruch von Halifax) ein Schiedsspruch erfordere Einhelligkeit, wurde von England mit Erfolg zurück gewiesen.

5) Art. 52.

6) a. a. O.

Dr. Zorn, welcher einen diesbezüglichen Antrag stellte und wiederholt verteidigte. Der rechtliche Charakter der Schiedssprechung redete hier entscheidend mit.

v. Martens sprach von der politischen Natur der Schiedssprechung: die Schiedsrichter seien nicht allein Richter, sondern auch Vertreter ihrer Regierungen. Da sei es denn ein starkes Stück, wenn man von ihnen verlange, dass sie nicht bloss ihre Regierung verurteilen, sondern dieses Urteil auch rechtfertigen und demgemäss verschärfen. Das gelte weniger für die eigentliche Urteilsbegründung als für die Darstellung des Tatbestandes, oder die Feststellung, dass eine Partei nicht richtig gehandelt habe. Der juristische Fortschritt bedeute somit ein praktisches Hindernis; denn die Schiedsrichter aus dem verurteilten Staate würden sich bei der Notwendigkeit der Begründung der Stimme enthalten, wodurch der Schiedsspruch an seiner moralischen Bedeutung verliere.

Im übrigen wollte damit die Urteilsbegründung natürlich nicht verboten, sondern nur die Freiheit gewahrt werden.

Der belgische Bevollmächtigte Descamps erkannte die politische Tragweite der russischen Auffassung zwar an, aber er meinte, eine nur kurze Begründung würde noch nicht die befürchtete Folge haben. Die Schiedssprechung sei eine Gerichtssache und da könne man auf die Entscheidungsgründe nicht verzichten. Die Pflicht der Urteilsbegründung sei überall ein wesentlicher Schutz für die Gerichtsuntertanen und bedinge den Fortschritt des Rechts.

Dr. Zorn sagte: Schiedssprüche sind Rechtsentscheidungen, und diese kann man sich ohne Begründung nicht denken. Der holländische Bevollmächtigte Rahusen fügte dem hinzu: Der Schwerpunkt liegt überhaupt mehr in den Entscheidungsgründen als in der Entscheidung selbst. Sein Landsmann Asser hatte sich in diesem Sinn schon früher ausgesprochen und dabei den russischen Vertreter gefragt, ob er auch nur einen einzigen Schiedsspruch nennen könne, der nicht begründet worden sei. Aber v. Martens antwortete, in der

Alabama- und in der Behringsfrage hätten einige Mitglieder wegen der Begründung ihre Unterschrift verweigert.

Der serbische Bevollmächtigte Dr. Veljkovitch führte aus, man befürchte mit Unrecht, dass die Motive politischer Art sein könnten, wodurch die betreffenden Staaten blossgestellt würden. Die Schiedssprüche hätten mit der Politik nichts zu tun, und Schiedsrichter, welche in ihre Entscheidungen die Politik hineintragen, würden den Rahmen ihrer Zuständigkeit verlassen. Es sei vielleicht gut, im Protokoll festzustellen, dass der Schiedsspruch keine Erwägungen politischer Art enthalten dürfe.

Aber der Berichterstatter Descamps verwiderte, der Richter sei in seiner Begründung souverän. Man könne sicher sein, dass er bemüht sein werde, der Rechtsprechung zu dienen und nicht Politik zu treiben.

Der Beschluss der Konferenz, dass Schiedssprüche mit Entscheidungsgründen versehen werden müssen, ist zu billigen.

Der Charakter der Rechtsprechung muss hier entscheidend werden. Urteile erfordern eine Urteilsbegründung, und davon kann insbesondere angesichts des Nachprüfungsrechts nicht abgesehen werden. Stehen die nationalen Erwägungen hindernd im Weg, so ergibt sich daraus nur die Notwendigkeit, die Staatsangehörigen wegen Befangenheit vom Richterstuhl auszuschliessen.

Diese Frage war nun auch in der Tat, aber in einem anderen Zusammenhang — zu Art. 24 — erörtert worden; doch kam hier die Konferenz zu einem anderen Resultat.

Der englische Entwurf hatte für Normalbesetzung des ständigen Schiedsgerichts die Drei-Zahl vorgesehen, und der amerikanische Bevollmächtigte Holls stellte daher den Antrag, es seien für diesen Fall zur Sicherung der richterlichen Unparteilichkeit die Staatsangehörigen vom Schiedsrichteramt auszuschliessen; denn die beiden seien in Wahrheit doch nur Parteivertreter, die auch im Vergleichsweg keine Zugeständnisse machen könnten; und deshalb sei der Obmann alleiniger Richter.

Asser, Graf Nigra und Odier unterstützten zwar den Antrag, aber auch hier kehrte der russische Bevollmächtigte v. Martens das politische Moment der Schiedsprechung hervor: die Staaten würden eher die Schiedssprechung anrufen, wenn sie später im Gerichtshof vertreten seien.

Descamps sah in einer solchen Besetzung eine wünschenswerte Garantie der souveränen Staaten und wollte ebensowenig wie Dr. Zorn auf internationalem Gebiet den Grundsatz des nationalen Zivilprozesses gelten lassen, dass niemand Richter in eigener Sache sei. Bourgeois sah in der Parteibesetzung nicht bloss ein weises Zugeständnis, sondern auch einen natürlichen Übergang von der diplomatischen zur gerichtlichen Verhandlung. Im übrigen erkannte er an, dass hier die Sache beim ständigen und beim freien Schiedsgericht gleichmässig gelagert sei. Man fand es ganz natürlich, dass eine Partei überhaupt nur eigene Angehörige als Schiedsrichter abordnet, so dass in Wahrheit die Entscheidung beim Obmann steht.

Ich bin der Meinung, dass die Konferenz den Charakter der Rechtsprechung beim Schiedsgericht zu wenig und die Politik zu viel betont hat[1]). Der praktische Mann muss damit rechnen, dass die Nationalen im Schiedsgericht im wesentlichen Parteivertreter sind. Die Parteien mögen solche Vertreter (Advokaten, Rechtsbeistände) nach Belieben bestellen, aber diese können dann doch unmöglich zu gleicher Zeit Richter sein. Die weitere Entwickelung des Schiedsrechts dürfte passenderweise hier noch einmal kritisch anzuknüpfen haben.

VI. Der Schiedsspruch ist zu verkündigen und zuzustellen. In Anwesenheit der Parteivertreter oder wenigstens nach deren gehöriger Ladung ist der Schiedsspruch in öffent-

---

1) Und doch heisst es im Art. 15, die internationale Schiedssprechung sei eine richterliche Entscheidung auf Grund der Achtung vor dem Rechte. Warum beschränkt man denn ferner die Schiedssprechung auf Rechtsstreitigkeiten und erklärt sie bei politischen Differenzen für unmöglich?

licher Sitzung zu verlesen[1]) und dann den Agenten der streitenden Teile mitzuteilen. Damit ist das Streitverhältnis endgültig und mit Ausschluss der Berufung entschieden.[2])

VII. Zur richterlichen Nachprüfung — die unterschiedslos Berufung und Revision genannt wird und keins von beiden ist — kommt es nur kraft besonderen Vorbehalts im Schiedsvertrag, der auch die Nachprüfungsfrist bestimmt.[3])

Der Antrag auf Nachprüfung muss, unbeschadet anderweitiger Vereinbarung, bei dem Schiedsgericht angebracht werden, das den Spruch erlassen und nunmehr auch nachzuprüfen hat. Diese Identität des erkennenden und des nachprüfenden Gerichts, macht vor allem die charakteristische Bestimmtheit des internationalen Nachprüfungsverfahrens aus.

Der russische Entwurf[4]) hatte Nichtigkeitsgründe vorgesehen (Nichtigkeit des Schiedsvertrags, Kompetenzüberschreitungen und Bestechung). Aber das Komitee sagte sich: Keine Nichtigkeitsgründe ohne Instanz! Einen Instanzenzug aber wollte man nicht[5]). Man liess daher diese Idee fallen und versuchte es mit der Nachprüfung.

Der Antrag auf Nachprüfung kann nur auf die Ermittelung einer neuen Tatsache gegründet werden, die einen entscheidenden Einfluss auf den Spruch auszuüben geeignet gewesen wäre und bei Schluss der Verhandlung dem Schiedsgericht selbst und der Partei, welche die Nachprüfung beantragt hat, unbekannt war.

Das Schiedsgericht eröffnet das Nachprüfungsverfahren durch den Feststellungs-Beschluss, dass neue Tatsachen bekannt geworden sind, und dass insoweit der Antrag zulässig ist.[6])

---

1) Art. 53.

2) Art. 54.

3) Art. 55.

4) Art. 26.

5) Ich hatte 1890 vorgeschlagen, es möge in der Schiedsprozessordnung ausgesprochen werden, dass über die Berechtigung einer Anfechtung zweitinstanzlich zu entscheiden sei („Völkerrechtliche Schiedsgerichte") S. 39.

6) Art. 55.

In Wahrheit handelt es sich hier um die Wiederaufnahme des Verfahrens mit nur vertragsmässiger Zulässigkeit nnd vertragsmässiger Fristbestimmung. Man rechnete damit, wie Dr. Zorn in seiner Befürwortung des amerikanischen Antrags erklärte, dass eine Entscheidung endgültig und doch irrig sei. Die Nachprüfung war durch den Entwurf des Institut de droit international (Art. 13) vorbereitet, geht auf das amerikanische Schiedshofprojekt zurück und fand in dem amerikanischen Bevollmächtigten Holls ihren unermüdlichen Verteidiger, während insbesondere Russland und Belgien dem Nachprüfungsprinzip abgeneigt waren. Die heutige Fassung ist übrigens nur das Ergebnis langer Kämpfe und mannigfacher Komprommisse.

Ich bin der Meinung, dass die Nachprüfung nicht von einer vertragsmässigen Vorkehrung abhängig gemacht werden sollte; sie müsste kraft Rechtssatzes in jedem Fall zulässig sein. Denn im voraus lässt es sich schwer ermessen, ob man eine Nachprüfung ins Auge fassen muss.

VIII. Der Schiedsspruch ist eine rechtliche Entscheidung, d. h. sie erfolgt durch Richter auf Grund des Rechtes[1]. Sie bindet nur die Parteien, welche den Schiedsvertrag geschlossen haben[2].

Der auf den Antrag des holländischen Bevollmächtigten Asser angenommene Art. 56 regelt das Interventionsrecht oder die Beteiligung dritter am Rechtsstreit.

Der italienische Vertreter Graf Nigra wollte das Schiedsgericht ermächtigt sehen, die Frist zu bestimmen, in welcher der Schiedsspruch zu vollstrecken sei. Aber auf den begründeten Einspruch von Dr. Zorn wurde dieser Antrag zurückgezogen.

IX. Der Schiedsspruch entscheidet wohl den Streit; aber das Völkerrecht kennt zum Unterschied vom Privatrecht auf dem Schiedsrechtsgebiet keine Zwangsvollstreckung; und

---

1) Art. 15.

2) Art. 56.

das ist seine Schwäche, die nie beseitigt werden wird. Auch das als Schiedsrichter gewählte Staatsoberhaupt tritt mit der Fällung des Schiedsspruchs zurück und hat mit dem Vollzug nichts zu tun. Lehnt eine Partei den Schiedsspruch ab, so bedeutet das in keiner Weise eine Geringschätzung oder unfreundliche Handlung gegen den Schiedsrichter. Man ist auf freiwillige Erfüllung angewiesen, die allerdings deswegen erwartet werden kann, weil die Parteien im Schiedsvertrag die Verpflichtung übernommen haben, sich dem Schiedsspruch in jedem Fall auf Treu und Glauben zu unterwerfen. Sie sind also jetzt mehr denn früher der moralichen Verurteilung vor der ganzen Welt ausgesetzt. Damit muss man auszukommen suchen. Ich erklärtes schon früher[1]): Das Völkerrecht ist bei freiwilliger Erfüllung alles, im anderen Fall nichts: das ist Tatsache, die keine Schwärmerei beseitigt.

Die Haager Konferenz hat sich in der Geschichte des Völkerrechts ein ehrendes Denkmal gesetzt.

Den ewigen Frieden brachte sie uns freilich nicht; aber den hält auch nur der Unverstand für möglich.

So lange es Menschen gibt mit Leidenschaften und Bedürfnissen, gibt es Streit; und so lange es Staaten gibt, bedroht der Krieg wie ein Damoklesschwert die Menschheit. Wir müssen also wohl oder übel für ihn gerüstet sein.

Die Haager Konferenz hat die Möglichkeit des Krieges bestimmt ins Auge gefasst und sich bemüht, durch eine möglichst präzise und humane Ausbildnng des Kriegsrechts Willkür und Grausamkeit einzudämmen, Härten und Missbräuche zu beseitigen. Aber in den seltensten Fällen handelt es sich bei Streitigkeiten der Staaten um Existenz und Ehre, und mancher Waffengang kann vermieden werden.

Wem es glückt, dem Vaterland einen Krieg zu ersparen, der hat sich um die ganze Menschheit verdient gemacht.

---

1) „Völkerrechtliche Schiedsgerichte“ S. 29. Vgl. auch oben S. 22.

Hier setzt das Abkommen zur friedlichen Erledigung internationaler Streitfälle ein.

Ein dauernder Friede ist durch dasselbe freilich nicht gesichert. Aber auch Schlösser geben keine volle Sicherheit gegen Diebstahl und machen sich doch bezahlt.

Am meisten bedrohen den Frieden die planmässigen Verhetzungen der Nationen und unverantwortlichen Entgleisungen der öffentlichen Meinung. Die Selbstzucht der Presse verbürgt den Frieden vielleicht besser als internationale Verträge.

Der Präsident Staal hob am Anfang der Konferenz hervor, dass man keiner Chimäre nachjagen wolle und sich von Utopieen freihalten werde.

Es kann der Konferenz bescheinigt werden, dass ihr dies gelungen ist. Sie hat mit ihren Beschlüssen den Boden der Realpolitik nicht verlassen. Enthusiasmus und Kritizismus reichten sich wohlwollend die Hand und schufen vereint ein brauchbares Werk.

Berufen durch einen edeldenkenden Kaiser und gefördert durch eine hochsinnige Königin, bot diese vom Geiste der Eintracht beseelte Versammlung schon durch ihre Zusammensetzung die beste Gewähr. Die Haager Abkommen und Erklärungen bilden einen Markstein in der völkerrechtlichen Entwickelung.

Man kann nicht mehr hinter denselben zurück, und insbesondere finden die Schwärmereien für den ewigen Frieden in den Haager Verhandlungen keine Stütze. Die Friedensbewegung wird gut tun, damit zu rechnen.

Andernteils aber kann und soll man über die Beschlüsse der Friedenskonferenz hinaus. In dieser Beziehung ist schon durch die Haager Resolutionen ein grosses Arbeitsfeld abgesteckt worden. Nehmen wir den Verlauf der Friedenskonferenz als gutes Zeichen für nachfolgende Taten!

FSC
www.fsc.org
MIX
Papier | Fördert
gute Waldnutzung
FSC® C083411

Kolibri 360 GmbH
Ferdinand-Jühlke-Straße 7
99095 Erfurt, Deutschland
produktsicherheit@kolibri360.de